Carl Neumann

Die rechtliche Stellung des sogenannten Unteragenten

einer Privat-Versicherungs-Gesellschaft auf Grund der

Versicherungsbedingungen und der AgenturInstructionen

Carl Neumann

Die rechtliche Stellung des sogenannten Unteragenten
einer Privat-Versicherungs-Gesellschaft auf Grund der Versicherungsbedingungen und der AgenturInstructionen

ISBN/EAN: 9783743648432

Hergestellt in Europa, USA, Kanada, Australien, Japan

Cover: Foto ©Suzi / pixelio.de

Weitere Bücher finden Sie auf **www.hansebooks.com**

Die rechtliche Stellung

des

sogenannten Unteragenten einer Privat-Versicherungs-Gesellschaft

auf Grund der

Versicherungsbedingungen und der Agentur-Instructionen

mit Berücksichtigung

der Entscheidungen

des ehemaligen Reichs-Oberhandelsgerichts und des Reichsgerichts.

Inaugural-Dissertation,

der hohen

Juristenfacultät zu Göttingen

zur Erlangung

der

Doctorwürde

vorgelegt von

Carl Neumann

aus Gross-Lichterfelde.

Berlin 1891.

Gedruckt in der Königlichen Hofbuchdruckerei von E. S. Mittler & Sohn, Kochstrasse 68—70.

Inhalts-Angabe.

		Seite
§ 1.	Einleitung	5
§ 2.	I. Die Anstellung des Unteragenten	7
§ 3.	II. Der Begriff „Unteragent"	11
	III. Die Haftung des Unteragenten und der Versicherungs-Gesellschaft	21
§ 4.	1. Die das Versicherungsgeschäft einleitenden Aeusserungen des Agenten	21
§ 5.	2. Der Agent bei der Antragsausfertigung	27
§ 6.	3. Die Entgegennahme der Versicherungsanträge durch den Agenten	39
§ 7.	4. Die Ausgabe der Police durch den Agenten	42
§ 8.	5. Die Prämienzahlung an den Agenten	46
§ 9.	6. Die Veränderungsanzeige an den Agenten	61
§ 10.	7. Die Schädenanzeige, die Schädenaufstellung und die Schädenzahlung an bezw. durch den Agenten	66
	Schluss	74

§ 1.
Einleitung.

In der vorliegenden Abhandlung ist eine der streitigsten Fragen auf dem Gebiete des Versicherungsrechtes, die rechtliche Stellung des Versicherungsagenten und zwar die des sogenannten Unteragenten, zum Gegenstande einer Erörterung gemacht worden. Es sind gerade in dieser Frage sowohl in den richterlichen Entscheidungen als auch in den Privatarbeiten über das Assecuranzwesen, von denen freilich die letzteren sich grösstenteils nur mit einer knappen Angabe der Function des Unteragenten und mit der Citirung einiger wenigen, hierher gehörenden reichsgerichtlichen Entscheidungen begnügen, die verschiedensten Ansichten laut geworden und dabei vielfach irrtümliche Anschauungen über den Character der Thätigkeit eines Versicherungsagenten zum Ausdruck gekommen.

Die Judicatur, welche doch bei dem Mangel jeglichen, die Stellung des Versicherungsagenten normirenden Rechtssatzes vor allem dazu berufen ist, durch ihre Entscheidungen und damit durch die Schaffung von Rechtsnormen das gegenwärtig geltende Versicherungsrecht nach dieser Seite hin zu ergänzen, zeigt hier eine recht bedauerliche Unsicherheit, so dass man weit davon entfernt ist, in der Auffassung der Stellung eines Versicherungsagenten zu einem einheitlichen Princip gekommen zu sein. Im allgemeinen hat man in diesen Entscheidungen den Versicherungsagenten mit einer weitergehenden Vertretungsbefugnis ausgestattet, als ihm wirklich seitens der Versicherungs-Gesellschaften eingeräumt wird, und damit dem Agenten Rechte und Pflichten übertragen, die die Gesellschaft bei der Uebertragung der Agentur an ihn nicht gewollt hat und die der Agent auch nicht übernehmen kann, da ihm, selbst wenn ihm die Grundsätze, nach welchen die Gesellschaft verfährt, bekannt sind, doch in den meisten Fällen das Verständnis für die complicirten, versicherungstechnischen Grundlagen fehlt, auf welchen das ganze Versicherungsgeschäft beruht.

Der Grund für die allgemein, sowohl in der Gerichtspraxis wie in den Monographien, herrschende unklare Vorstellung von der Agenturthätigkeit eines Versicherungsagenten dürfte nicht zum wenigsten darin zu suchen sein, dass die zur Beurteilung der vorliegenden Frage hauptsächlich in Betracht kommende Erkenntnisquelle des Versicherungsgewohnheitsrechtes, die Geschäftsübung, nicht genug gewürdigt wird. Die Geschäftsübung kommt aber namentlich nach aussen hin durch die Versicherungsbedingungen zum Ausdruck, aus denen umsomehr das, was Rechtens sein soll, erkannt werden muss, je gleichlautender dieselben bei den verschiedensten Versicherungs-Gesellschaften den Vertragswillen kund geben. Die Versicherungsbedingungen bilden das Ergebnis von Erfahrungen und Beobachtungen, die aus der Uebung des Versicherungsgeschäftes gesammelt worden sind, und sie werden, weil das Versicherungsgeschäft sich den jeweiligen Verkehrsbedürfnissen anpassen muss, auch demgemäss entsprechenden Aenderungen unterworfen. Es liegt daher jedem, der berufen ist, in Versicherungsangelegenheiten zu entscheiden, die Pflicht ob, mit den Versicherungsbedingungen fortzuleben, um stets mit der sich fast jährlich vollziehenden Fortbildung des Versicherungsvertrages vertraut zu sein. Gerade die fortschreitende Entwickelung, welche das Versicherungswesen und mit demselben der dieses nach aussen hin verkörpernde Versicherungsvertrag nehmen, verbietet es, die Versicherungsübung der Versicherungstheorie auf rechtlichem Gebiete hintanzusetzen und mit Hervorkehrung der letzteren, wie es zu geschehen pflegt, alte Anschauungen mitzuschleppen, die sich häufig dort wenigstens noch an die ersten Entwickelungsstadien der Versicherung anlehnen, wo wirklich die thatsächliche Uebung des Versicherungswesens bei Feststellung von Rechtsprincipien Berücksichtigung gefunden hat. Die häufigen Citate der neueren Monographien über das Versicherungswesen aus den älteren Schriften eines Wolff, eines Staudinger u. s. w., deren Verdienste um die Anwendung der Rechtswissenschaft auf das Versicherungswesen durchaus nicht bestritten werden sollen, die aber sich doch nur in dem Rahmen der in ihrer Zeit gepflogenen Geschäftsübung bewegen konnten, liefern den beredtesten Beweis für die dauernde Festhaltung veralteter Theorien, die in der That mit der heutigen, vollständig umgestalteten Versicherungsübung nicht mehr in Einklang gebracht werden können, insbesondere soweit sich diese Uebung speciell auf die Gestaltung des Rechts der Agenten bezieht.

Es kann daher nicht Wunder nehmen, wenn auch die Entscheidungen unserer höchsten Gerichtshöfe zum Teil der fortschreitenden Entwickelung des Versicherungswesens fremd gegenüber stehen. In der Mehrzahl derselben tritt der Mangel eines Verständnisses für das Wesen des ganzen Versicherungsgeschäftes offenkundig zu Tage. Dazu kommt noch, wie im Laufe der Abhandlung gezeigt werden wird, oft die ganz unbegründete Rücksichtnahme auf die Partei der Versicherungsnehmer oder Versicherten, insofern dann Erwägungen humaner Natur, wie aus Gründen der Unbeholfenheit, der Unkenntnis, der Bedürftigkeit des Versicherten u. dergl., das klare Vertragsrecht illusorisch machen. In Erkenntnis dieser Gefahr entschliessen sich Versicherungs-Gesellschaften nur ungern, auf dem Wege des Rechtsstreites ihre Ansprüche zu verfolgen; sie ziehen demselben einen Ausgleich auf gütlichem Wege entschieden vor.

Die Gerichtspraxis muss einen anderen Weg zur Beurteilung der vorkommenden Streitfälle einschlagen, wenn sie nicht die Entwickelung eines der hervorragendsten Zweige unserer Volkswirtschaft hemmen will. Das kann sie jedoch nur, wenn sie sich endlich dazu entschliesst, die lebendigen Bestimmungen des Versicherungsvertrages, in denen sich das ganze Wesen der Versicheruug so klar und deutlich wiederspiegelt, in ihrer Bedeutung zu würdigen.

Die vorliegende Abhandlung wird sich zur Klarlegung der rechtlichen Stellung des Unteragenten in erster Linie auf die Versicherungsbedingungen, ihrer Natur nach die vornehmste Erkenntnisquelle des Versicherungsrechtes, stützen, ferner den Wirkungskreis des Unteragenten durch die sogenannten Agentur-Instructionen, welche Anweisungen für die

Art und Weise des Agenturbetriebes enthalten, beleuchten und erläutern und endlich darzulegen versuchen, welche Auslegung der durch die Versicherungsbedingungen im Versicherungsvertrage documentirte und auf Seiten des Versicherers auf die Agentur-Instructionen sich stützende Vertragswille in der Rechtsprechung des ehemaligen Reichs-Ober-Handelsgerichts und des jetzigen Reichsgerichts erfahren hat.

Hierdurch wird es eine der wesentlichsten Aufgaben dieser Arbeit sein, vermittelnd zwischen Wissenschaft und Praxis das vorliegende Thema zu behandeln, da beiden, Wissenschaft und Praxis, gleichmässig obliegt, den Willen der den Versicherungsvertrag schliessenden Parteien zu erforschen und festzustellen.

§ 2.
1. Die Anstellung des Unteragenten.

Die Ausdehnung der Geschäftsthätigkeit, die nach der Natur des Versicherungsgeschäftes zu einem erspriesslichen Gedeihen einer Versicherungs-Gesellschaft unumgänglich erforderlich ist, verbietet aus Gründen eines aus dem Character des Versicherungsgeschäftes sich notwendig ergebenden umfangreichen Betriebes und schnellen Geschäftsganges, sowie der Einheitlichkeit der Geschäftsführung den directen Verkehr zwischen dem Publicum und der Gesellschaft. Eine Versicherungs-Gesellschaft — gleichgültig, ob auf dem Actien- oder Gegenseitigkeitsprincipe beruhend, — muss sich daher der Thätigkeit von Hülfspersonen bedienen, deren Aufgabe in der Herbeiführung eines erleichterten Verkehrs des Publicums mit der Gesellschaft besteht. Man bezeichnet diese Personen im allgemeinen als Agenten, Unteragenten oder Specialagenten. Neben diesen Agenten, die wegen der in ihren Händen befindlichen, von ihrer Gesellschaft ausgestellten Legitimation zur Führung der Agentur auch „officielle Agenten" genannt werden, giebt es besonders in den grösseren Städten die sogenannten „stillen Vermittler", welche aus gewissen Interessengruppen, aus Beamtenkreisen, aus dem Personale von Fabriken, aus den einzelnen Gewerben, Vereinen u. s. w. seitens der einzelnen Unteragenten zweckmässig ausgewählt werden. Dieses Verfahren hat sich zur Hebung des Geschäftes sehr bewährt und als ein unumgängliches Bedürfnis zur Erzielung eines regen Verkehrs hinsichtlich der Vermittlung neuer Versicherungen erwiesen. Diese Personen sind jedoch in dieser Abhandlung nicht berücksichtigt; ihre Thätigkeit beschränkt sich allein auf den Erwerb neuer Versicherungen, soweit ihre beschränkte Thätigkeit reicht, ist sie zwar der „officiellen" Agenturthätigkeit äusserlich gleich, aber mit dem Versicherungsgeber stehen sie in gar keiner directen Beziehung.

Die Unteragenturen sind über Städte und kleine Ortschaften zerstreut, von denen aus die Geschäfte des Platzes und des umliegenden Bezirkes besorgt werden. Die Schaffung eines solchen Agenturnetzes ist die Aufgabe der Organisation, von welcher neben einer vorsichtigen Directionsleitung die ganze Entwickelung einer Versicherungs-Gesellschaft abhängig ist. Diese Organisation bietet grosse Schwierigkeiten bei der Auffindung und Gewinnung zuverlässiger Persönlichkeiten, welche im Stande sind, eine geeignete Vermittlung zwischen der Gesellschaft und dem Publicum zu übernehmen. Die Versicherungs-Gesellschaften sind im allgemeinen, namentlich auf dem platten Lande, auf einen sehr beschränkten Kreis von Personen angewiesen, die neben einigen Fähigkeiten zur Uebernahme einer solchen Agentur sich auch der persönlichen Bemühung um Gewinnung neuer Kunden zu unterziehen gewillt sind, und diese ist hier um so unerlässlicher, je weniger das Verständnis für den Wert der Versicherung zur Erhaltung und Vermehrung des Volkswohlstandes in den unteren Volksschichten bisher zum Durchbruch gekommen ist.

Häufig werden die Versicherungs-Gesellschaften aber auch selbst um eine Agenturübertragung angegangen, entweder von Personen, welche das Bedürfnis einer solchen nachweisen und vermöge ihrer socialen Stellung einen Erfolg ihrer Vermittlungsthätigkeit verbürgen können, oder von solchen, die bereits anderen Gesellschaften ihre Dienste widmen oder gewidmet haben und die Vermittlung von Versicherungsverträgen überhaupt zu ihrem berufsmässigen Geschäft machen.

Die Auswahl und die Anstellung der Unteragenten geschieht durch die von der Direction ernannten (wirklichen, nicht Titular-) Haupt- oder Generalagenten, zu deren Unterstützung die Oberinspectoren und Inspectoren die gleiche Befugnis haben, vorbehaltlich der Genehmigung der Direction, welche dem Agenten durch ein einfaches Ernennungsschreiben erteilt wird. Durch Einhändigung der sogenannten „Agentur-Instruction", deren Bedeutung später erläutert werden soll, nebst den zur Führung der Agentur erforderlichen Formularen, Versicherungsregistern, Kassenbüchern u. s. w. an den Agenten und durch die Unterzeichnung des sogenannten „Reverses" seitens des Agenten wird die Agenturübertragung vollzogen. Unmittelbar nach erfolgter Anstellung hat der Agent den bestehenden gesetzlichen Bestimmungen über eine an die Polizeibehörde etwa zu erstattende Anzeige von der Uebernahme der Agentur zu genügen. Die Bekanntmachung der Agenturübertragung wird in den Zeitungen des Niederlassungsortes des Agenten in der Regel von dem Generalagenten bewirkt. Der Agent bringt dann seinerseits seine Bestallung durch Anheftung des ihm von der Gesellschaft gelieferten Agenturschildes an sein Geschäftslocal zur öffentlichen Kenntnis und pflegt gewöhnlich unter die Annonce seines Generalagenten eine besondere Bekanntmachung zu setzen, in welcher er sich dem Publicum zur Vermittelung von Versicherungsgeschäften empfiehlt. Damit kann der Agent nunmehr seine Wirksamkeit beginnen.

Bevor wir jedoch näher in die Characterisirung des Unteragenten als solchen eintreten, wird es zum besseren Verständnis der Wirksamkeit eines Unteragenten zweckmässig sein, auf Grund der Instructionen eine Erörterung des Geschäftsverkehr desselben mit seiner Generalagentur und der Verwaltung des Agenturgeschäftes voranzuschicken, doch sollen hier nur diejenigen wesentlichsten Merkmale der Eigentümlichkeit eines Agenturbetriebes hervorgehoben werden, welche für die spätere Erörterung von Bedeutung sind.

Der gewöhnliche Geschäftsverkehr des Unteragenten findet bei allen Versicherungs-Gesellschaften jeglicher Branche nur zwischen ihm und der Generalagentur statt. Die letztere ist überhaupt in allen geschäftlichen Angelegenheiten die nächste Instanz, bei welcher der Agent Rat und Auskunft erhalten kann. Es steht dem Agenten zwar frei, sich in aussergewöhnlichen Fällen direct mit der Direction in Verbindung zu setzen, doch hat derselbe, wenn dies geschieht, der Generalagentur gleichzeitig davon Mitteilung zu machen. Jeder Unteragent ist damit zunächst der Generalagentur untergeordnet und wirkt unter ihrer Verantwortlichkeit.¹) Die General- oder Hauptagenten haften sonach für jede Handlung und Unterlassung der von ihnen angestellten Unteragenten der Direction gegenüber, wie für ihre eigenen Handlungen, und übernehmen also die selbstschuldnerische Bürgschaft, freilich mit der zu ihren Gunsten zu machenden Einschränkung, dass sich die Bürgschaft nur auf solche Verpflichtungen bezieht, welche während ihrer Geschäftsführung entstanden sind.²) Den Generalagenten bleibt es überlassen, ihr Verhältnis zu den Unteragenten ihres Bezirkes durch besondere Verträge festzustellen, welche der Gesellschaft vor dem Abschlusse zur Genehmigung vorzulegen sind. Auch steht es denselben frei, besondere Geschäftsanordnungen zu treffen. Namentlich sind die Generalagenten wegen ihrer Haftung für die Zahlungsfähigkeit des Unteragenten berechtigt, von diesem Cautionsstellung in baarem Gelde oder Wertpapieren für die richtige und treue Erfüllung aller auf Grund des Vertrages dem Unteragenten obliegenden vertraglichen und instructionsmässigen Verpflichtungen zu verlangen. Die Höhe der Caution bleibt Gegenstand einer besonderen Vereinbarung zwischen der Generalagentur und dem Agenten.³) Die Generalagenten haben schliesslich auch das Recht, den Unteragenten die Vollmacht zur Geschäftsvermittlung und damit auch die Verwaltung der Agentur jederzeit abzunehmen. Der Unteragent kann allerdings bei der Gesellschaft dagegen Einsprache erheben, dadurch wird jedoch die einstweilige Abgabe der Agentur nicht aufgehalten.⁴)

Ueber die Verwaltung des Agenturgeschäftes enthalten die Instructionen ausführliche Bestimmungen. Als Grundsatz wird an die Spitze gestellt, dass alles, was auf die Agenturgeschäfte für die Versicherungs-Gesellschaft Bezug hat, von den übrigen Geschäften des Unteragenten streng geschieden bleiben muss. Dieser Satz gilt namentlich für das Incasso des Unteragenten. Wohl alle Anstellungsverträge und Agenturinstructionen machen die Absonderung der Bücher und Kassenbestände von anderen gleicher Art und die Bezeichnung der Kassenbehältnisse mit der Firma der Gesellschaft zur ausdrücklichen Bedingung. Das für die Gesellschaft vereinnahmte Geld gilt für den Unteragenten nur als ein ihm zur Aufbewahrung zeitweise anvertrautes fremdes Gut, das er weder in eigenem Nutzen noch zu irgend welchem Zwecke verwenden darf.⁵) Durch das Incasso wird der

---

1) Deutsche L.-V.-G. in Lübeck, Statut § 22. Aachen-Leipzig. F.-V.-G. I. § 4. Rheinisch-Westf. Lloyd I. § 41. Union, Hagel-V.-G. I. Art. 14 u. a. (Da im allgemeinen die Versicherungsbedingungen und die Instructionen, mit der Abkürzung V.-B. und I. citirt, bei allen Gesellschaften, soweit sie bei dieser Abhandlung in Frage kommen, einen ziemlich gleichlautenden Inhalt haben, so bleibt die Anführung dieser Bestimmungen auf einige Gesellschaften beschränkt.)

2) Hamburg-Bremer F.-V.-G. I. § 4. Nordstern I. § 1. Schlesische L.-V.-G. I. § 1. Germania, L.-V.-G. I. § 8. Kosmos I. § 3. Reichs-V.-B. in Bremen I. S. 2 u. a.

3) Berlinische L.-V.-G. I. §§ 4 u. 11. Vaterländische F.-V.-G. in Elberfeld I. § 2. Schwedter V.-G. I. § 6, Hanseatischer Lloyd I. § 13 u. a.

4) Preuss. Nationale V.-G. I. § 6, Schlesische F.-V.-G. I. § 13, Iduna L.-V.-G. I. § 3 u. a.

5) Victoria, L.-V.-G. I. § 34, Germania, L.-V.-G. I. § 9, Leipzig L.-V.-G. I. § 38, Preuss. Nationale F.-V.-G. I. § 43, Nürnberger L.-V.-G. I. § 9, Berliner Hagel-V.-G. I. § 17, Frankfurter Transport-V.-G. I. § 122, Köln. Glas-V.-G. § 20, Deutscher Phönix I. § 6 u. a.

Agent demgemäss nicht, wie häufig die irrtümliche Meinung ist, etwa nur buchmässiger Schuldner der Gesellschaft, etwa einem Kaufmann gleich, der Waare auf Credit erhält, sondern er erhält den Character eines Verwahrers, dessen Pflichten nach L. R. §§ 11 ff. I. 14 zu beurteilen sind. Eine solche Klarstellung der Verhältnisse liegt im allseitigen Interesse; sie schützt beispielsweise vor der Heranziehung der Gesellschaftsgelder zu Erbschafts- und Concursmassen. Auch erweist sich jene Bedingung bezüglich der Kassentrennung als wirksam gegen die Untreue der Unteragenten, insofern jeder Eingriff in diese fremde, von dem Agenten verwaltete Kasse unter den § 246 des St.-G.-B. fällt.

Da der Unteragent mit der betreffenden Generalagentur in directem Verkehr steht, so hat er nur mit letzterer ein einfaches Conto zu führen. In das Debet der Agentur werden alle von der Generalagentur eingehenden Versicherungsdocumente und Prämienrechnungen mit ihrem Betrage und ohne Rücksicht darauf, ob sie wirklich eingelöst werden oder nicht, sowie alle sonst für Rechnung der Generalagentur eingenommenen oder ihr zu gewährenden Gelder eingestellt. In das Credit der Agentur sind dagegen alle diejenigen Zahlungen einzustellen, welche die Agentur an die Generalagentur oder für deren Rechnung geleistet hat, die Forderungen, welche sie an die Generalagentur zu machen hat (Provision u. dergl.), und die Beträge der Prämien, welche innerhalb der gestatteten Zahlungsfristen nicht entrichtet und für welche die Rechnungen resp. Quittungen der Generalagentur zurückgegeben worden sind. Namentlich bei Lebensversicherungs-Gesellschaften wird der Unteragent darauf aufmerksam gemacht, dass die nicht rechtzeitig eingelösten und deshalb verfallenen Policen, Zins- und Prämienrechnungen der Generalagentur stets sofort nach Ablauf ihrer bedingungsgemässen Einlösungsfrist zurückgesandt werden müssen, widrigenfalls der Agent für die bezüglichen Beträge aus seinen Mitteln aufzukommen hat, ohne daraus einen Anspruch auf den Besitz der betreffenden Documente oder auf die mit der Zahlung einer Prämie oder von Zinsen verbundenen Rechte aus der Versicherungspolice herleiten zu können.

Ebenso sind über Leistung und Annahme von Zahlungen bei fast allen Versicherungs-Gesellschaften gleichlautende Bestimmungen für den Unteragenten festgesetzt. So darf der Agent keine Zahlung für die Gesellschaft leisten und keinen Aufwand für deren Rechnung verursachen, solange derselbe nicht von der Direction oder von der betreffenden Generalagentur dazu ermächtigt ist. Für eine ohne ausdrückliche Autorisation bewirkte Zahlung würde von der Gesellschaft kein Ersatz geleistet werden. Andererseits darf der Agent die Zahlung einer Prämie für eine von der Gesellschaft geschlossene Versicherung nur dann annehmen, wenn die über die betreffende Prämie lautende, von der Direction oder Generalagentur einer Versicherungs-Gesellschaft ausgestellte und vollzogene Prämienquittung von der Generalagentur ihm übersandt worden ist.

Es bleibt noch das Verhalten des Unteragenten den Behörden etc. gegenüber zu erwähnen, das ebenfalls bei den Versicherungs-Gesellschaften gleichmässig reglementirt ist. Gehen dem Agenten Schreiben, Verfügungen, Vorladungen, Mandate von Gerichts- und Verwaltungsbehörden oder sonstigen amtlichen Stellen zu, welche für die Gesellschaft bestimmt sind, so hat der Agent instructionsgemäss die Annahme derselben mit dem Hinweis darauf, dass er zu der Annahme von der Gesellschaft keinen Auftrag habe, abzulehnen. Erscheint dies nicht thunlich, so hat er die Verfügung sofort eingeschrieben an die Gesellschaft zu übersenden. In keinem

Falle darf der Unteragent bei Vermeidung weitgehender Verantwortlichkeit auf eine gerichtliche Verfügung für die Gesellschaft eine Erklärung, wie solche zuweilen bei Pfändungen des Anspruchs auf die Versicherungssumme von dem pfändenden Gläubiger gefordert wird, abgeben, sondern hat dies lediglich der Gesellschaft zu überlassen.

Der Erfüllungsort für alle seitens des Unteragenten dem ihm übergeordneten Generalagenten und mittelbar auch der Gesellschaft gegenüber übernommenen Verbindlichkeiten ist das Domicil der vorgesetzten Generalagentur. Es ist daher auch das Gericht dieses Sitzes für alle Klagen auf Erfüllung dieser Verpflichtungen zuständig.

Zur Vermeidung von Wiederholungen können hiermit die Vorbemerkungen über die Thätigkeit und Stellung eines Unteragenten abgeschlossen werden. Denn die übrigen Handlungen, welche eine Agenturführung bedingt, wurzeln in der Vermittlungsthätigkeit des Unteragenten zwischen dem Publicum und der Gesellschaft, die, dem Verlauf der Versicherung von ihrem Abschluss ab bis zu ihrem Aufhören folgend, einer späteren Betrachtung vorbehalten bleibt. Zunächst ist es notwendig, sich über die Natur eines Agenturgeschäftes Klarheit zu verschaffen.

§ 3.
II. Der Begriff „Unteragent".

Will man die Stellung des Unteragenten zur Versicherungs-Gesellschaft und zum versicherungsnehmenden Publicum richtig characterisiren, so muss man sich vor allem das vergegenwärtigen, was über die Anstellung des Unteragenten bereits gesagt worden ist. Hier ist weiter die Frage nach dem Zweck der Anstellung eines Unteragenten hervorzuheben. Man darf niemals vergessen, dass die Notwendigkeit, Unteragenten anzustellen, an die Gesellschaft stets dann herantritt, wenn deren Geschäftsgebiet nach der Natur des Versicherungsgeschäftes diejenige Grenze überschreitet, in welcher ein directer Geschäftsverkehr zwischen der Gesellschaft und dem Publicum noch möglich ist. Um diesen weiteren Verkehr aufrecht erhalten zu können, sahen sich die Versicherungs-Gesellschaften veranlasst, an kleinen Orten Stellen ins Leben zu rufen, die gewissermassen für die Gesellschaften wie für das Publicum den Mittelpunkt des Geschäftsverkehrs im engeren Bereiche zu bilden haben. An diesen Stellen, mit dem Namen Agentur bezeichnet, begegnen sich durch die Person, auf welche die Leitung einer solchen Agentur übertragen ist, die Gesellschaft und das versicherungsnehmende Publicum. Dieser Person, dem sogenannten Unteragenten oder Specialagenten, fällt aber wesentlich die Aufgabe der Vermittelung zu, insbesondere die Entgegennahme der für die Gesellschaft bestimmten Versicherungsanträge, ausserdem noch die Wahrnehmung einzelner anderer Functionen, mit denen er vom Versicherer beauftragt ist. Die Wahl eines solchen Vermittlers ist Sache der Gesellschaft resp. des Generalagenten, der, wie im vorigen Paragraphen bereits dargelegt ist, für die Thätigkeit des Unteragenten aufzukommen hat. Soweit daher das Publicum nach den Bestimmungen des Versicherungsvertrages auf diese Vermittelungsthätigkeit des Unteragenten angewiesen ist, soweit ist die Gesellschaft für dessen Handlungen als solche ihres mit der Wahrnehmung gewisser Functionen Beauftragten verantwortlich, denn insoweit hat der Agent in ihrem Namen wirksam gehandelt. Niemals aber kann aus dem blossen Auftrage zur Vermittelung die Befugnis der rechtlichen Vertretung gefolgert werden. Die Vertretung, d. h. die Befugnis, an Stelle der Gesellschaft rechtsverbindliche Handlungen vorzunehmen, muss immer der Gegenstand einer dahinzielenden Vollmacht sein. Die Fähigkeit jedoch, eine derartige Vollmacht zu übernehmen, ist dem Unteragenten für die wichtigsten Handlungen schon allein aus dem Grunde abzusprechen, weil die technischen Grundlagen des Versicherungsgeschäftes sich meist seiner Kenntnis entziehen. Diese sind Sache des geschulten Assecuradeurs und nicht des Unteragenten.

Man begegnet häufig der Ansicht, dass schon aus der Thatsache der von der Gesellschaft bezw. von dem Generalagenten öffentlich bekannt gegebenen Agenturübertragung an eine Person auch die Uebertragung einer Vertretung der Gesellschaft in der rechtlichen Bedeutung des Wortes für diese Person vermutet werden müsste. Allein, diese Ansicht ist unberechtigt. Denn durch die erwähnte Veröffentlichung seitens der Gesellschaft will diese denjenigen, die Willens sind, mit ihr eine Versicherung abzuschliessen, nichts anderes kund geben, als dass sie durch den betreffenden, in der Annonce benannten Unteragenten Offerten auf abzuschliessende Versicherungsgeschäfte aus dem Publicum entgegennehmen wolle. Mit dieser öffentlichen Uebertragung der Vermittelungsthätigkeit für die Gesellschaft ist aber keineswegs eine Vollmacht zur Vertretung der Versicherungs-Gesellschaft verbunden, namentlich nicht das Recht, für die Gesellschaft verbindliche Verträge abzuschliessen oder andere als die schematisirten Erklärungen für sie anzunehmen. Da die Vertretung der Gesellschaft lediglich denjenigen Personen zukommt, die nach dem Statut der Gesellschaft oder auf gesetzlichem Wege hierzu eigens bestellt sind, so erscheinen sie vielmehr nur als bestellte Vermittler, als Personen, die nicht ausschliesslich als Interessenten der Gesellschaft auftreten, sondern nur das Zustandekommen des Vermittelungsgeschäftes im Auge behalten.

Die Vermittelungsthätigkeit hat sich im Laufe der Entwickelung des Versicherungswesens zu einem selbstständigen berufsmässigen Gewerbetrieb ausgebildet. Der Agenturbetrieb hat schon häufig für den Agenten die Gestalt einer ständigen Einnahmequelle angenommen und documentirt sich als eine auf Erzielung eines Einkommens gerichteter Geschäftscomplex, von dem ein jedes einzelne von ihm selbstständig vermittelte Versicherungsgeschäft einen Teil bildet. Diese Thätigkeit gewinnt umsomehr den Character derjenigen eines selbstständigen Gewerbetreibenden, als es dem Agenten überlassen bleibt, seinen Agenturbetrieb durch öffentliche Bekanntmachungen und Annoncen zu empfehlen, deren Kosten er, soweit ihm seitens der Gesellschaft dazu nicht besonders ein Auftrag erteilt ist, selbst zu tragen hat. Derartige Vermittelungsgeschäfte für Versicherungen jeglicher Branche finden sich in grösseren Städten, namentlich in Handelsstädten, selbst ohne Auftrag irgend einer Versicherungsgesellschaft; der Agent bringt das Risico unter, wo es ihm beliebt, wo er Abnahme dafür findet, wo er die grössere Provision erhält u. s. w.

Eine territoriale Grenze wird dem Unteragenten in der Ausübung seines Berufes von der Gesellschaft nicht immer gezogen, wenngleich der Natur der Sache nach die Geschäftsvermittelungen des Einzelnen sich wesentlich in dem Bezirk seines Wohnsitzes und dessen Umgebung bewegen werden. Es geschieht dies aus dem Grunde nicht, weil jeder Person, die eine Versicherung zu nehmen wünscht, freie Befugnis gelassen werden soll, ihren Antrag bei dem ihr genehmen Agenten zu machen. Versicherungs-Gesellschaften anderer Branchen, als die der Lebensversicherung, halten, um eine Concurrenz der Unteragenten unter sich zu vermeiden, an dem Grundsatze fest, dass sich die Thätigkeit des Unteragenten auf den ihm überwiesenen Bezirk zu beschränken hat, allein eine Vermittelung in einem anderen Bezirke, als dem zugewiesenen, wird gestattet, wenn besondere Beweggründe, wie Verwandtschaft, Geschäftsverbindung und dergl. Veranlassung geben, dem auswärtigen Agenten den Vorzug zu geben. Der Unteragent kann damit seine Wirksamkeit soweit ausdehnen, als seine persönlichen Beziehungen reichen.[1])

Der Natur des durch den Unteragenten selbstständig geführten Vermittelungsgeschäftes widerspricht ferner nicht und für sie ist auch ohne rechtliche Bedeutung der Umstand, dass eine Versicherungs-Gesellschaft dem Unteragenten im allgemeinen nicht gestattet, gleichzeitig die Agentur für eine concurrirende Versicherungsanstalt zu übernehmen oder sonst in anderer Weise direct oder indirect für eine solche zu wirken. Hierin liegt nur eine Bedingung der Agenturübernahme, die seitens der Versicherungs-Gesellschaft dem Agenten gestellt wird, und welche in dem Interesse der Geschäsfführung der Versicherungs-Gesellschaft begründet ist. An der inneren rechtlichen Natur des Vermittelungsgeschäftes ändert diese Bedingung durchaus nichts. Dagegen steht es dem Agenten in der Regel völlig frei, die Vermittelung der Geschäfte für Gesellschaften anderer Branchen zu übernehmen. Freilich bildet auch hierfür die Genehmigung der Gesellschaft die Voraussetzung, durch welche aber die selbstständige Ausübung der Vermittelungsthätigkeit nur insofern eine Beschränkung erleidet, als der Gesellschaft daran gelegen ist, dass ihr Unteragent nur soliden Gesellschaften seine Dienste widmet und genügend Zeit behält, für sie selbst zu wirken.

Auch die Art des Entgeltes für die im Interesse beider Contrahenten, für die Gesellschaft und den Versicherungsnehmer, entwickelte Thätigkeit dergestalt, dass die Entlohnung nicht von beiden Parteien getrennt geschieht, sondern durch die Gesellschaft allein erfolgt, welche die Gebühren einheitlich für sämmtliche für sie beschäftigten Agenten geregelt hat, steht dieser unserer Auffassung nicht entgegen. Die Agenten beziehen von der Gesellschaft kein fixes Gehalt. Das Aequivalent für die persönliche Mühewaltung der Agenten bildet die Provision, die nach Procenten von der Höhe der Versicherungssumme oder der Prämien berechnet wird und erst dann von den Agenten beansprucht werden kann, wenn das Versicherungsgeschäft zu Stande gekommen ist. Die Versicherungs-Gesellschaft hat daher mit diesem Modus der Vergütung die Agenten auf eine eigene, selbstständige Thätigkeit verwiesen, deren Gewinn ganz von dem Grade der von ihnen entwickelten Energie und angewandten Umsicht bedingt ist. Gewöhnlich enthält das Ernennungsschreiben, der sogenannte „Revers", Bestimmungen über die Höhe der Provision, sowie auch darüber, ob der Agent ausser dieser Provision auch Vergütungen für sonstige Bemühungen und Aufwände beanspruchen kann, namentlich eine besondere Entschädigung für den ihm erwachsenden Aufwand an Bureaukosten, Porto und Insertionen. In der Regel verpflichtet der Revers den Agenten zur An-

---

[1] Germania I. § 4, Concordia I. § 7, Victoria I. S. 15, Köln. Hagel I. § 1, Preuss. Hagel I. § 1, Preuss. Nationale I. § 5, Vaterländische F.-V.-G. I. § 5, Berlinische F.-V.-G. I. § 85, Aachen-Leipzig F.-V.-G. I. § 37.

erkennung des folgenden Satzes: „Ich erkenne weiter ausdrücklich an, dass ich ausser den vorstehend aufgeführten Provisionen von der Gesellschaft keine Entschädigung für meine Mühewaltung und etwaigen Auslagen, namentlich für alle Auslagen, die durch Austeilung von Programmen oder durch andere Massnahmen behufs Erwerbung von Versicherungen mir erwachsen, oder Aufwände der von mir übernommenen Agentur der Gesellschaft zu beanspruchen habe."[3])

Besteht die Form des Entgeltes für die Vermittelungsthätigkeit des Agenten überall nur in der Ueberweisung von Provisionen, so ist nicht erfindlich, warum nach einer älteren Annahme[3]) der Agent zu der von ihm vertretenen Gesellschaft in einem continuirlichen Dienstverhältnis stehen und sich dieses Verhältnis zwischen der Versicherungs-Gesellschaft und dem Agenten als eine gewöhnliche Dienstmiete (locatio conductio operarum) characterisiren solle. Für einen Dienstvertrag würde es namentlich sprechen, wenn bei der Uebernahme der Agentur ein festes jährliches Gehalt bedungen wäre. Dass hier und dort von einzelnen Versicherungs-Gesellschaften dem Agenten ein Minimum seines Einkommens gewährleistet wird, kann nicht unsere Ansicht entkräften.[4]) Das einfache Ernennungsschreiben, die Bestallungsurkunde, durch welches dem Unteragenten die Uebernahme seiner Vermittelungsthätigkeit bescheinigt wird, hat nicht die Geltung eines Dienstvertrags-Instrumentes zwischen dem Agenten und der Versicherungs-Gesellschaft, sondern erscheint lediglich dem Publicum gegenüber als ein Ausweis für die freie und selbstständig zu entwickelnde Thätigkeit des Agenten in Verbindung mit einer bestimmten Versicherungs-Gesellschaft.[5])

Für unsere Ansicht spricht auch die Art und Weise der Niederlegung der Agentur. Jederzeit ist es dem Unteragenten gestattet, die Agenturthätigkeit einzustellen, wie auch andererseits der Generalagent, der die Ernennung des Unteragenten vorgeschlagen hat, die Entlassung desselben mit Genehmigung des Gesellschaftsvorstandes jederzeit herbeizuführen befugt ist.[6])

Es würde sich dieser von uns im Vorstehenden entwickelten Ansicht, dass der Unteragent als selbstständiger Vermittler ausserhalb eines Dienstverhältnisses zu der Gesellschaft stehe, die in dem Reglement der Bayerischen Hypotheken- und Wechselbank, Abteilung für Lebensversicherung, sich früher findende Bezeichnung des Agenten als „Commissionair der Bank und des Publicum" nähern, allerdings nur in dem Sinne, in welchem man überhaupt dem allgemeinen Sprachgebrauch folgend von demjenigen als Commissionair spricht, der bei Angebot und Nachfrage von Geschäftsabschlüssen sich allgemein zu Vermittelungen erbietet. Denn als eine der eigentlichen technischen und handelsgesetzmässigen Bedeutung des Commissionairs entsprechende kann die Bezeichnung des gedachten

---

2) Köln. Glas-V.-G. I. § 22, Berlinische L.-V.-G. I. § 18, Iduna, L.-V.-G. I. § 31, Germania, L.-V.-A.-G. I. § 1, Magdeburger Hagel- a. G. I. §§ 6 und 7, Mecklenburg. Hagel-V.-G. I. § 16, Rheinisch-Westf. Lloyd I. § 42, Schweiz. Transp.-V.-G. I. § 34 u. a.
3) Staudinger, Lebensversicherungsvertrag S. 127.
4) Vergl. Nürnberger Prot. S. 103, 104, 107.
5) Deutsche L.-V. in Potsdam I. § 1.
6) Gladbacher F.-V.-G. Revers § 7, Preussische F.-V.-G. I. § 2, Schlesische L.-V.-G. I. § 93, Hannovera, L.-V.-G. I. § 4, Union, Hagel-V.-G. I. Art. 14, Rhein. Westf. Lloyd I. § 57, u. a. auch Entsch. des R.-O.-H.-G. vom 26. Mai 1871.

Reglements nicht verstanden sein, da der Commissionair als solcher in eigenem Namen Verträge abschliesst, durch die er allein berechtigt und verpflichtet wird, während diese Befugnis, selbstständig Versicherungsverträge abzuschliessen, nicht in der Vollmacht des Unteragenten liegt.

Für unsere Auffassung sprechen ferner auch die Agentur-Instructionen. Mit diesem Ausdruck wird eine gedruckte und für sämmtliche Agenten der Gesellschaft massgebende Unterweisung in der Vermittelung von Versicherungen bezeichnet, die bei allen Versicherungs-Gesellschaften derselben Branche einen ziemlich gleichlautenden Inhalt hat. Dieselbe ist schlechthin eine „Geschäftsanweisung"[7], „Geschäftslehre"[8], „Geschäftsordnung"[9], ein „Leitfaden zur geschäftlichen Instruction"[10], wie manche Gesellschaften sie sehr richtig bezeichnen. Eine solche Geschäftsanweisung verfolgt einzig und allein den Zweck, dem Agenten eine Anleitung zur Führung des Agenturgeschäftes zu geben und ihn mit den Einrichtungen und den Zwecken seiner Versicherungs-Gesellschaft bekannt zu machen. Namentlich soll der Agent durch sie in den Stand gesetzt werden, alles Aeussere des Versicherungsgeschäftes soweit zu beherrschen, als es sich um die Erteilung einer genügenden Auskunft auf alle an ihn seitens des Publicums gerichteten und seine Vermittelungsthätigkeit berührenden Fragen handelt. Ueber den Inhalt der Instruction ist der Agent zur Beobachtung strengster Verschwiegenheit verpflichtet. Diese Verpflichtung zur Geheimhaltung der Instruction hat selbstverständlich und ganz allein ihren Grund in der Wahrung der Geschäftsprincipien, welche sich teilweise bei jeder Gesellschaft auf Grund ihrer eigenen Erfahrungen und Beobachtungen aus dem Betriebe des Versicherungsgeschäftes anders gestalten müssen und in der That auch vielfach anders gestaltet sind. Es ist lediglich die Rücksicht auf die Concurrenz, welche den Gesellschaften diese Vorsorge für die Geheimhaltung auferlegt, wie dieselbe Rücksicht im gewöhnlichen Leben auch jeder Fabrikant zu nehmen hat. Mit Ausnahme der zu beobachtenden Zurückhaltung der Geschäftsprincipien selbst vor der Concurrenz liegt im übrigen gar kein Grund zur Geheimhaltung der Instruction der Oeffentlichkeit gegenüber vor, da der grössere Teil der in jener für den Unteragenten getroffenen Bestimmungen aus den Gesellschafts-Statuten und den Versicherungsbedingungen hervorgegangen ist.

Die Instructionsbestimmungen haben die Geltung von Verhaltungsmassregeln; sie sollen dem Unteragenten eine Anweisung darüber geben, wie derselbe den Interessen seiner Gesellschaft und des Publicums am besten dienen kann. Nirgends kann aber in ihnen mit Ausnahme einiger nachher zu besprechenden Bestimmungen irgend etwas gefunden werden, das zur Annahme einer wahren Vollmacht, die Gesellschaft rechtlich zu vertreten, berechtigen oder eine solche nur vermuten lassen könnte.

Ueber die Frage, als was für eine Stellung die des Unteragenten aufzufassen ist, geben die Instructionen der Versicherungs-Gesellschaften meist eine klare, bündige und sich übrigens vollständig mit den vorstehenden Erörterungen deckende Auskunft. Es heisst darin:

---

[7] Gotha F.-V.-B. f. D. Berlinische L.-V.-G.
[8] Köln. Glas-V.-G.
[9] Preussische L.-V.-G.
[10] Teutonia, L.-V.-B., Leipziger Hagel-V.-G.

„Dem Publicum gegenüber ist die Stellung des Unteragenten diejenige eines Vermittlers zwischen jenem und der Gesellschaft."11)

„Als Mittelsperson zwischen der Bank und dem Publicum hat der Agent sich gegenwärtig zu halten, dass es seine Aufgabe ist, nach beiden Seiten hin für die Anknüpfung der geschäftlichen Beziehungen zu wirken, sowie den Abschluss der Geschäfte und deren fortlaufende Abwicklung zu erleichtern."12)

„Mit der Uebertragung der Agentur ist Ihnen die Befugnis gegeben, unter Beobachtung der bestehenden und ergehenden gesetzlichen Vorschriften nach Massgabe der gegenwärtigen allgemeinen, sowie der zu erteilenden besonderen Instructionen Versicherungen zu vermitteln." 13)

„Im Interesse der Gesellschaft und zur grösseren Erleichterung der Versichernden soll eine hinlängliche Anzahl von Agenten durch den Bezirksvorstand angenommen werden, welche Vermittlung von Versicherungsanträgen, Einkassirung der Beiträge und Absendung derselben an den Vorstand übernehmen." 14)

„Durch die dem Agenten von der Direction der Anstalt erteilte Vollmacht ist derselbe lediglich ermächtigt, Versicherungsanträge für die Anstalt zu vermitteln und die Aushändigung der ausgestellten Documente, sowie die Einziehung der Prämien und Kostenbeträge zu bewirken. Dagegen ist der Agent nicht ermächtigt, für die Anstalt irgend welche rechtsverbindlichen Erklärungen, sowohl Behörden als auch Privatpersonen gegenüber, schriftlich oder mündlich abzugeben, es sei denn, dass der Agent dazu von der General-Agentur im einzelnen Falle besondere schriftliche Anweisung erhalten hat." 15)

„Der Agent hat nicht die Eigenschaft eines Handlungsbevollmächtigten oder Handlungsgehilfen der Gesellschaft, und ist derselbe daher in keiner Weise berechtigt, für die Gesellschaft bindende Erklärungen irgend welcher Art mündlich oder schriftlich abzugeben." „Vielmehr soll jeder, der für die Gesellschaft Geschäfte vermittelt, wegen der von der Gesellschaft zu übernehmenden Verpflichtungen lediglich auf den Geschäftsplan (Statut, Versicherungsbedingungen) verweisen, welcher stets in seinen Händen sein muss und auf Verlangen den Interessenten vorzulegen ist." 16)

„Der Agent der Gesellschaft hat dem Publicum gegenüber den Standpunkt eines beratenden Freundes einzunehmen." 17)

„Die Geschäftsfreunde (Vertreter, Agenten) sind die Vermittler zwischen der Direction und den auswärts wohnenden bei der Anstalt Beteiligten. Sie nehmen namentlich die Beitrittserklärungen entgegen und befördern sie an die Direction, können aber keine die Anstalt bindenden Erklärungen abgeben." 18)

Wenn auch, wie aus dem angeführten Wortlaut der Instructionen ersichtlich ist, für die Characterisirung des Unteragenten eine verschiedene Ausdrucksweise gewählt worden ist, so stimmen dieselben doch alle darin überein, dass der Unteragent niemals, besondere Fälle ausgenommen, in der Weise sich als Vertreter einer Versicherungs-Gesellschaft geriren

---

11) Schlesische F.-V.-G. I. § 10. Preussische National-V.-G. I. § 4, Concordia, L.-V.-G. I. § 58, Deutscher Phönix, I. § 5, Deutsche L.-V. in Potsdam, I. § 1, Preussische Hagel-V.-G. I. § 1, Schweizerische Hagel-V.-G. I. § 1 u. a.
12) Gothaer F.-V.-B. f. D. I. § 5, Berliner Hagel-V.-G. I. § 20.
13) Köln. Hagel-V.-G. § 1, Magdeburger Hagel-V.-G. I., Transatlantische F.-V.-G. I. § 9, Union, Hagel-V.-G. Art. 2.
14) Oldenburg. Hagel-V.-G., Statut § 37.
15) Leipziger F.-V.-A. I. § 2, Germania, L.-V.-G. I. § 1.
16) Nordstern, L.-V.-G. I. § 1, Preussische L.-V.-G. I. § 1, Teutonia, L.-V. S. 2.
17) Vesta, L.-V.-B. I. § 1.
18) Allg. Versorgungs-A. in Karlsruhe, Statut § 69. Hannovera, L.-V.-A. I. § 1, Norddeutsche F.-V.-G. I. §. 9, Lübecker F.-V.-G. I. § 3, Aachen-Leipziger F.-V.-G. I. § 3, Gladbacher F.-V.-G. I. § 7, Deutscher Phönix, I. § 5, Berlinische L.-V.-G. I. § 1.

kann, dass er die Gesellschaft rechtsgültig berechtigen oder verpflichten könnte, vielmehr ist er, wie es sich auch aus der Natur seiner ganzen Wirksamkeit ergiebt, nur Vermittler, der einzig und allein nur den Verkehr zwischen dem Publicum und der Gesellschaft zu besorgen hat.

Eine ganz andere Stellung und zwar mit grösseren Befugnissen nimmt dagegen an See- oder grösseren Handelsplätzen des Binnenlandes der Agent einer der Transportversicherungs-Branche angehörenden Versicherungs-Gesellschaft ein, welcher sich dadurch wesentlich von den Unteragenten derselben Branche im Binnenlande unterscheidet. Hier ist er häufig ermächtigt, selbstständig Versicherungsverträge abzuschliessen, und bezüglich der Vertretungsbefugnisse erlangt er hier demnach die Bedeutung eines General- oder Hauptagenten, ähnlich demjenigen der Feuerversicherungs-Branche. Die Vertretungsbefugnis eines solchen Agenten bringen denn auch die Instructionen für die Transportversicherungs-Agenten klar zum Ausdruck, wie die nachstehenden Beispiele beweisen.

„Den Verkehr zwischen der Gesellschaft und dem versichernden Publicum vermitteln die Agenten und soweit sie mit der Ausfertigung der Policen, dem Incasso etc. betraut sind, nehmen dieselben die Stellung Bevollmächtigter ein." 19)

„Der Agent verpflichtet sich, alle Versicherungen in Gemässheit der Instruction und seiner Vollmacht im Namen und für Rechnung der Gesellschaft zu übernehmen und abzuschliessen, sowie die betreffenden Policen auszufertigen." 20)

„Die Agenten sind Handlungsbevollmächtigte der Gesellschaft im Sinne des Art. 234 des H.-B." 21)

Es mag hier zur Kennzeichnung des Umfanges der dem Transportversicherungs-Agenten eingeräumten Vollmacht der Wortlaut einer Bestallungsurkunde mitgeteilt werden, welche in mehr oder weniger abweichender Form eine allgemeine Anwendung findet.

„Der Herr N. wird hierdurch als Agent der N. Transportversicherungs-Gesellschaft bestellt und ermächtigt, Namens derselben Versicherungsanträge anzunehmen, die Policen auszufertigen, Prämiengelder in Empfang zu nehmen und darüber zu quittiren, bei etwa entstehenden Unglücksfällen von versicherten Waaren bei Gerichts- und anderen Behörden Anträge zur Abwendung, Minderung und Festellung des Schadens zu stellen, auf Einnahme des Augenscheins, Vernehmung von Zeugen und Sachverständigen zu provociren und alle auf solche Abwendung, Minderung und Festellung von Schäden abzielenden geeigneten gerichtlichen und aussergerichtlichen Massregeln zu ergreifen, überhaupt die Gesellschaft bei Besorgung und Ausführung der ihm zugewiesenen Geschäfte nach Massgabe der ihm besonders erteilten Instruction zu vertreten und überall die Gerechtsame der Gesellschaft bestens wahrzunehmen. Dagegen behält sich die Gesellschaft bei eingetretenen Havarien die Erklärung, ob und wie weit eine Verpflichtung der Gesellschaft zum Ersatz eines Schadens anerkannt werden soll, abzugeben selbst vor."

An die Stelle der Unteragenten treten als Versicherungsvermittler an allen bedeutenden Seeplätzen die Versicherungsmakler, welche Versicherungen jeder Art nach den Platzusancen vermitteln und dafür eine häufig

---

19) Frankfurter Transport-V.-G. I. § 3, Rhein.-Westf. Lloyd I. § 2, Eidgenöss. Transport-V.-G. I.
20) Hanseat. Lloyd A., Vertrag § 2, Hammonia, Glas-V.-G. I. § 3.
21) Vaterländische Transport-V.-G. I. 2.

von der Versicherungs-Gesellschaft zu tragende Courtage beziehen. Der Makler erhält Versicherungsaufträge; er bringt dieselben auf geeignete Formulare oder Schlusszettel (arrêtés d'assurance) und lässt dieselben entweder im Bureau des interessirten Versicherungsagenten oder an der Börse paraphiren. Bezüglich ihrer rechtlichen Stellung zum Publicum und zur Gesellschaft finden auf ihn die Grundsätze für den Unteragenten in analoger Weise Anwendung.

Kann die Stellung der Unteragenten im Verkehr zwischen dem Publicum und den Versicherungs-Gesellschaften am deutlichsten aus den bisher berührten Instructionen erkannt werden, so treten letztere doch in ihrer Bedeutung von Geschäftsanweisungen, welche lediglich für den inneren Geschäftsverkehr mit der Gesellschaft bestimmt sind, zweifellos hinter den von den Agenten handelnden Bestimmungen des Versicherungsvertrages zurück. Leider aber enthalten diese eine so allgemeine Bezeichnung für den Unteragenten, dass das mit dem Geschäftsbetriebe einer Versicherungs-Gesellschaft nur wenig vertraute Publicum daraus eine wesentlich höhere Vertretungsbefugnis des Unteragenten herleiten muss, als diese thatsächlich jenem gegeben ist. Es wäre daher in vollem Masse wünschenswert, wenn die Versicherungs-Gesellschaften sich dazu verstehen möchten, gerade in ihren Versicherungsbedingungen, die, wie die Entscheidungen der Gerichtshöfe zeigen, in erster Reihe massgebend für die Erkennung der Rechtsverhältnisse sind, der von ihnen gewollten und auch aus der Natur des Versicherungsgeschäftes sich thatsächlich ergebenden Characterisirung der Stellung des Unteragenten eine präcisere Fassung zu geben, als es bis jetzt der Fall ist. Nur auf diese Weise können die Zweifel beseitigt werden, welche der dem Versicherungswesen als Laie gegenüberstehende Richter, gleichsam als Träger der öffentlichen Meinung, bei der verschiedenen Ausdrucksweise für die Bezeichnung des Unteragenten hegen muss. Die Mehrzahl der Versicherungs-Gesellschaften begnügt sich mit der Aufnahme von Bestimmungen, durch welche der Versicherungsnehmer in bestimmten Fällen der Thätigkeit des Agenten in Anspruch zu nehmen verpflichtet wird. Nicht selten findet sich in den Versicherungsbedingungen die Bezeichnung „Vertreter", auch wohl „Bevollmächtigter der Gesellschaft" für den Unteragenten, der doch nach der Art seiner Wirksamkeit diese Bezeichnung durchaus nicht verdient. Gleichwohl geht aber aus den Vertragsbestimmungen hervor, dass die Thätigkeit des Vertreters oder Bevollmächtigten fast nur eine vermittelnde, nicht eine die Versicherungs-Gesellschaft rechtsverpflichtende ist. Soll jene die letztere Eigenschaft besitzen, so bedarf es dazu einer Vollmacht, wie sie der Hauptagent erhält. Lediglich zu gewissen Functionen, die über die blosse Vermittlerthätigkeit hinausgehen (z. B. Entgegennahme von Anzeigen, Einkassirung der Prämien), wird der Unteragent durch die Bedingungen und durch seine Instruction bevollmächtigt. Soweit er sich innerhalb dieser Grenzen bewegt, hat die Versicherungs-Gesellschaft seine Handlungen oder Unterlassungen, wie wir nachher im Einzelnen sehen werden, zu vertreten. In dieser Einschränkung ist auch die freilich besser zu unterlassende Bezeichnung „Vertreter", „Bevollmächtigter" nur zu verstehen. Einige Versicherungs-Gesellschaften haben dieser Auffassung auch in ihren Versicherungsbedingungen durch eine bezügliche Bestimmung in folgendem Wortlaut Ausdruck gegeben:

„Die Gesellschaft ist für die Thätigkeit ihrer Agenten verantwortlich, soweit dieselben innerhalb der Grenzen ihrer Instruction oder im besonderen Auftrage der Direction gehandelt haben", [20])

während andere überhaupt jegliche Verantwortlichkeit für ihre Unteragenten policengemäss ausgeschlossen wissen wollen, wie:

„Die Agenten sind Geschäftsfreunde, nicht aber Beamte der Bank; es kann daher die Bank für dieselben keine Verantwortlichkeit übernehmen, sondern nur darüber wachen, dass die Interessen der Bank und ihrer Versicherten gewissenhaft wahrgenommen werden, und die Geschäftsverbindung mit ihnen aufheben, wenn sie diese Interessen vernachlässigen. Jedem Interessenten der Bank steht es frei, mit der Bank in directe Verbindung zu treten, wenn dies ihm besser convenirt." [21])

Geht aber der Agent über den durch die Instruction festumgrenzten Wirkungskreis hinaus, oder „überschreitet er", wie der übliche Ausdruck heisst, „die Instruction", so qualificirt sich seine Thätigkeit nicht als eine von bestimmten Anweisungen des Auftraggebers abhängige, sondern sie tritt alsdann wieder in die Schranken der ursprünglichen Thätigkeit eines selbstständigen Geschäftsvermittlers zurück. Der Agent verpflichtet dann durch seine Handlungen nicht die Gesellschaft, sondern nur sich selbst. Diese eigene Haftung des Unteragenten wird namentlich in denjenigen Fällen hervortreten, in denen sich seine Vermittelungsthätigkeit dem Contrahenten der Versicherungs-Gesellschaft, dem Versicherungsnehmer, zuwendet, soweit sie von dem letzteren in Anspruch genommen wird. Es ist daher ein unbedingtes Erfordernis, im Streitfalle da, wo die Entscheidung von der Beurteilung der rechtlichen Stellung des Unteragenten abhängig ist, zur Klärung der für das Urteil massgebenden thatsächlichen Umstände die in Frage stehende Thätigkeit des Unteragenten einer genauen Untersuchung zu unterziehen. Leider ist aber auf die Prüfung der Art der Stellung des Agenten nach dieser Richtung hin in der Mehrzahl der gerichtlichen Entscheidungen nicht genug Wert gelegt worden. Der Mangel dieser Unterscheidung ist nicht ohne Einfluss auf die Anwendung der Grundsätze der Billigkeit in den Erkenntnissen geblieben, insofern man sich schlechtweg mit der Unterstellung des Unteragenten als des „Vertreters" der Gesellschaft begnügte.

Der Mangel einer scharfen Bestimmung der rechtlichen Stellung des Unteragenten hat sogar dazu geführt, diesen mit einer Präsumtiv-Vollmacht zu bekleiden, und zwar im Sinne der Art. 47 und 49 des H.-G.-B. Diese Annahme ist durchaus nicht statthaft. Der Stellung des Unteragenten liegt nicht das Abhängigkeitsverhältnis, wie solches bei dem Handlungsbevollmächtigten zum Principal besteht, zu Grunde, da die geschäftliche Thätigkeit des Agenten als eine selbstständige, weil nur auf die Vermittelung von Versicherungen gerichtet, als eine von der seines Auftraggebers grundverschiedene bezeichnet werden muss. Es würde diese Unterstellung mit dem ganzen Geschäftsbetrieb einer Versicherungsanstalt unvereinbar sein, da den leitenden Organen der Gesellschaft allein die Entscheidung über Abschluss, Verlängerung und Erfüllung von Versicherungsverträgen überlassen bleiben muss. Die letzteren müssen die Interessen der Gesell-

---

[20]) Statut der Leb.- u. Ersp.-B. § 18, Statut der Gothaer L.-V.-B. f. D. § 39, Statut der Schwedter V.-G. Art. 27, Statut der Gothaer F.-V.-B. f. D. § 30 u. a. Diese Auffassung teilt auch das R.-O.-H.-G. Entsch. 5. November 72.

[21]) z. B. Teutonia, L.-V.-B. Geschäftsplan § 7.

schaft und ihrer Beteiligten wahren und sind mit Rücksicht darauf allein im Stande, zu beurteilen, wie weit die Gesellschaft Rechte und Pflichten übernehmen kann. Eine analoge Anwendung auf genannten Artikel des H.-G.-B. macht ein Erkenntnis des R.-O.-H.-G. vom 13. 6. 1876.[24]) Zunächst von dem richtigen Grundsatze ausgehend, dass die Frage, ob und wieweit der Unteragent einer Versicherungs-Gesellschaft als blosser Vermittler oder als Stellvertreter zu betrachten sei, nach dem ihm erteilten Mandat zu beantworten sei, spricht dasselbe sich, ohne den von der Gesellschaft dem Agenten eingeräumten Befugnissen Rechnung zu tragen, dahin aus, dieses Mandat brauche nicht gerade ein ausdrückliches, es könne auch ein stillschweigendes sein, um zu dem Schluss zu gelangen, es sei nicht zu bezweifeln, dass, wenn genügender Grund vorliege, ein stillschweigendes Mandat anzunehmen, dasselbe in ähnlicher Weise wirke, wie das nach Art. 47 des H.-G.-B. gesetzlich vermutete Mandat der Handlungsbevollmächtigten. Aus den angeführten Gründen erscheint diese Auffassung nicht als berechtigt.

Eine ähnliche irrtümliche Anschauung von der thatsächlichen Stellung des Unteragenten kehrt in einem Urteil des Oberlandesgerichts zu München wieder, dem sich der zweite Civilsenat des Reichsgerichts[25]) angeschlossen hat. In diesem Urteil ist ohne thatsächliche Feststellung einer diesbezüglichen Vollmacht ausgesprochen, dass der Agent einer Versicherungs-Gesellschaft nicht ausschliesslich ein vermittelndes Organ derselben sei, sondern „mehrfach" auch eine repräsentative Stellung habe. Das Publicum, zumal die Landbevölkerung, sei, wenn es sich mit einer Versicherungs-Gesellschaft einlasse, ausschliessend auf den Verkehr mit den Agenten angewiesen. Ohne Agenten wäre einer solchen Gesellschaft in den meisten Fällen der Abschluss von Geschäften nicht möglich. Die Agenten seien es, welche den Antragstellern die erforderlichen Aufschlüsse und Belehrungen zu erteilen hätten, sie händigten den Versicherten die Policen aus, und an sie würde regelmässig die Prämie entrichtet. Einmal sind die Ausdrücke „mehrfach" „repräsentativ" sehr allgemein und unbestimmt, dann aber folgt aus der Vornahme der meisten der in der Motivirung angeführten Handlungen des Agenten noch nicht, dass dieser hierin die Gesellschaft repräsentire. Mit demselben Recht könnte man auch die Führer von Bierfuhrwerken, die den Verkehr zwischen der Brauerei und den Consumenten vermitteln, als Repräsentanten ihrer Brauerei gelten lassen, während doch niemand ihnen diese Eigenschaft zuerkennen wird. Nur die Befugnis, Zahlungen von dem Versicherungsnehmer entgegenzunehmen, setzt eine Vollmacht voraus. In dieser Beziehung allein kann nach allgemeinen Rechtsgrundsätzen von einer Repräsentation der Gesellschaft durch den Agenten gesprochen werden, das „mehrfach" ist aber ganz unbegründet.[26])

---

[24]) Entsch. R.-O.-H.-G. B. XXI.

[25]) Entsch. R.-G. 27. 10. 1882. Vereinsblatt für Deutsches Versicherungswesen Jahrg. 1886 S. 20.

[26]) Da die Agenten in der Transportversicherung zuweilen, vergl. S. 17, mit der Abschlussberechtigung von Versicherungsverträgen versehen sind, kann bei solchen von einem Repräsentationsverhältnis gesprochen werden; z. B. Neue Schweiz. Lloyd I. § 2: „Die Agenten repräsentiren die Gesellschaft in dem ihnen angegebenen Wirkungskreise."

Es ergiebt sich demnach aus der vorstehenden Darlegung der Schluss, dass von einer Vertretung der Gesellschaft durch den Unteragenten nach der Natur des Versicherungsgeschäftes nur da die Rede sein kann, wo demselben seitens der Gesellschaft ausdrücklich eine derartige Vollmacht erteilt ist. Der Unteragent ist im Uebrigen nur Vermittler und weiter nichts. Seine ganze Wirksamkeit im Betriebe einer Versicherungs-Gesellschaft ruht in der selbstständig und zweckmässig betriebenen Vermittelungsthätigkeit von Versicherungen, die natürlich auch mit selbstständig zu verantwortenden Pflichten sowohl der Gesellschaft wie dem Versicherungsnehmenden gegenüber verbunden ist. Denn als Mittelsperson zwischen der Gesellschaft und dem Publicum hat der Unteragent stets sich gegenwärtig zu halten, dass es seine Aufgabe ist, nach beiden Seiten hin die Anknüpfung der geschäftlichen Beziehungen, sowie den Abschluss der Geschäfte und deren fortlaufende Abwickelung zu erleichtern.

III. Die Haftung des Unteragenten und der Versicherungsgesellschaft.

Da das Vermittelungsgeschäft des Unteragenten nach der voraufgegangenen Characterisirung desselben als ein selbstständig betriebenes und seiner Natur nach als ein von dem Geschäft der Versicherungs-Gesellschaft vollkommen verschiedenes zu betrachten ist, so ist der Unteragent bezüglich der Art der Haftung aus seiner Vermittelungsthätigkeit nicht anders zu beurteilen, als wie jeder andere Gewerbetreibende, der sein Vermittelungsgeschäft selbstständig führt und aus der Uebernahme der Besorgung gewisser Geschäfte beiden Teilen, zwischen denen er verhandelt, zur Sorgfalt und Treue verbunden ist. Dass diese Verpflichtungen des Unteragenten aus seinem Vermittelungsgeschäft nach Seiten der Versicherungs-Gesellschaft hin von letzterer dauernd und schriftlich, d. h. in der Ernennungsurkunde zum Geschäftsvermittler geregelt sind, steht dem bezeichneten rechtlichen Character des Unteragenten nicht entgegen. Es liegt auf der Hand, dass die Gesellschaft bei den Tausenden von Unteragenten, deren sie zu ihrer Geschäftsentwickelung bedarf und die einem täglichen Wechsel unterworfen sein können, sich nicht von dem einzelnen abhängig machen kann.

Eine Haftung der Versicherungs-Gesellschaft aus Handlungen des Agenten ergiebt sich nur in einzelnen bestimmten Fällen. Zur Begründung dieser Ansicht wird es zweckmässig sein, nach den Phasen, welche die Versicherung zu durchlaufen hat, die Functionen des Unteragenten ganz speciell auch daraufhin zu untersuchen, ob Vollmachts-Momente in ihnen enthalten sind.

§ 4.

1. Die das Versicherungsgeschäft einleitenden Aeusserungen des Agenten.

In der Regel geschieht die erste Anregung zur Versicherungsnahme durch den Geschäftsvermittler, den Unteragenten. Sein Geschäft ist es, Personen für die Versicherung ihres Lebens oder ihrer Habe zu interessiren und zum Abschluss eines Versicherungsvertrages geneigt zu machen. Um dieser Aufgabe genügen zu können, sind selbstverständlich Erklärungen erforderlich, die die Wohlthat einer Versicherung, die mehr oder minder geringen, von dem Versicherungsuchenden zu übernehmenden Versicherungskosten, die Vorzüge seiner Gesellschaft vor anderen concurrirenden und dergleichen mehr zum Gegenstande haben. Diesen Erklärungen oder Aeusserungen des Geschäftsvermittlers ist, wie zugestanden werden muss, kein grösserer Wert beizulegen, als der, den Anpreisungen, die naturgemäss zu einem Vermittelungsgeschäfte gehören, verdienen. Wie weit solchen Glauben zu schenken ist, wird jedermann nach dem Grade des Vertrauens, das er dem Geschäftsvermittler schenkt, zu prüfen haben. Zu letzterem Zwecke stehen dem Versicherungsuchenden ja auch Prospecte und Geschäftspläne der zu wählenden Versicherungs-Gesellschaft zu Gebote, welche ihm vor dem Vertragsabschlusse durch den Geschäftsvermittler eingehändigt werden. Der Wert derartiger Erklärungen des Unteragenten wird auch in der Gerichtspraxis richtig erkannt. In einem Urteil der IV. Kammer des Kgl. Landgerichts zu Berlin I vom 17. Mai 1889 kam die Characterisirung von Aeusserungen, welche der Unteragent über die Bonität einer Hagelversicherungs-Gesellschaft gethan hatte, in Frage. „Ebensowenig", heisst es in den Entscheidungsgründen u. a, „ist der fernere Einwand des Beklagten stichhaltig, dass er sich in einem Irrtum über ausdrücklich vorbedungene Eigenschaften (der Gesellschaft) befunden habe und in diesen Irrtum durch Vorspiegelungen des Agenten versetzt sei. Es ist der (Gesellschaft als) Klägerin darin beizutreten, dass die angeblich von dem Agenten gemachten Angaben über die Güte und financielle Lage der Gesellschaft nicht über die gewöhnlichen Anpreisungen von Agenten hinausgehen; denn nach den eigenen Angaben des Beklagten soll der Agent nur erklärt haben, dass die Vermögenslage der Klägerin eine gute und glänzende sei, dass sie einen grossen Reservefonds besässe, dass eine Einforderung von Nachschüssen bei der klagenden Gesellschaft niemals vorkomme. Diese Anpreisungen sind zu allgemein, als dass man darin einen Betrug im Sinne der §§ 84, 85, I. 4, L.-R. sehen könnte. Die Vermögenslage der Gesellschaft ist nur in ein möglichst gutes Licht gestellt, und jeder Versicherte bezw. Versicherungslustige muss sich sagen und weiss, dass die Agenten bei ihren Anpreisungen von den durch sie vertretenen Versicherungs-Gesellschaften des Guten häufig zu viel thun, um möglichst viele Mitglieder zu gewinnen." Für die Richtigkeit dieser Auffassung bezieht sich das Gericht auf ein Urteil des R.-G. vom 3. 5. 1888.[1])

Zeigt sich nun die Person zur Annahme einer Versicherung geneigt, so werden dieser durch den Unteragenten die näheren Vertragsbestimmungen, unter welchen die Gesellschaft sich im allgemeinen zur Uebernahme einer Versicherung bereit erklärt hat, mit den zum Vertragsabschlusse erforderlichen Antragsformularen übermittelt.

Da das Versicherungsdocument, die Police an sich, mit Ausnahme solcher in der Hagel-, Vieh- und Glasversicherung, wo die Police mit dem Antrage direct verbunden ausgestellt zu werden pflegt, nicht sämmtliche Voraussetzungen, unter denen der Vertrag abgeschlossen ist, in seinen Inhalt aufnimmt, so bildet der Antrag des Versicherungsnehmers

---

[1]) Juristische Wochenschrift Jahrg. 1888, S. 259.

nicht bloss die Veranlassung, die Offerte, sondern auch die Basis des Vertrages, welche nicht nur zur Interpretation, sondern unter Umständen auch zur Ergänzung dient und demnach für den Inhalt des abgeschlossenen Vertrages keineswegs irrelevant ist.[2] Durch die Zustimmung zu dem Antrage seitens der Versicherungs-Gesellschaft und mit der erfolgten Abnahme der Police durch den Versicherungsnehmer haben die in dem Antrage niedergelegten Erklärungen des Versicherungsnehmers für letzteren rechtsverbindliche Kraft gewonnen.

Die Policebedingungen der Versicherungs-Gesellschaften enthalten über die Bedeutung des durch den Versicherungsnehmer zu beantwortenden Antragsbogen die folgenden Bestimmungen:

„Wer eine Versicherung beantragt, ist verpflichtet, im Versicherungsantrage nach Anleitung seines eingedruckten Inhalts und in den sonstigen neben dem Antrage etwa der Gesellschaft eingereichten Schriftstücken nicht nur die zu versichernden Gegenstände, deren Eigenthumsverhältnis, die Versicherungs-Localitäten und jede anderweit schon auf den Versicherungsgegenstand geschlossene Versicherung richtig anzugeben, sondern nach jener Anleitung auch die auf die Feuergefährlichkeit einwirkenden Umstände gewissenhaft anzuzeigen. Ist diese Verpflichtung nicht erfüllt, so hat die Gesellschaft keine Entschädigungs-Verpflichtung."[3]

„Die von dem Versicherungsnehmer und dem Versicherten zum Zwecke des Abschlusses des Versicherungsantrages in dem Antrage (Declaration) resp. Anträgen (Declarationen) gemachten Angaben und abgegebenen Erklärungen bilden mit der Police den Versicherungsvertrag. Für die Richtigkeit und Vollständigkeit dieser Angaben und Erklärungen ist der Versicherungsnehmer allein verantwortlich, auch wenn jene von einem Vertreter der Gesellschaft oder sonst von einem Dritten niedergeschrieben sind."[4]

„Der Versicherungsantrag ist nach Anleitung der dazu bestimmten Formulare dem wahren Sachverhalt gemäss gewissenhaft und vollständig auszufüllen, eigenhändig zu unterschreiben und in doppelter Ausführung dem Agenten, welcher die Versicherung vermittelt, zu übergeben. Für die Richtigkeit der im Antrage gemachten Angaben ist der Antragsteller verantwortlich."[5]

Es folgt daraus, dass der Antragsteller bei der Bedeutung des Versicherungsantrages für den Versicherungsvertrag in eigenem Interesse zur Anwendung der grössten Sorgfalt bei der Abgabe seiner Erklärungen und namentlich bei der Prüfung der in dem Declarationsbogen enthaltenen Fragen verpflichtet ist. Die durch das Wesen des Versicherungsvertrages bedingte besondere Treue, Redlichkeit und Aufrichtigkeit[6] erfordert vor Abschluss des Vertrages die Mittheilung aller für die Versicherung wesentlichen und bekannten Umstände. Welche Thatsachen für den Entschluss des Versicherungsgebers von Einfluss sind, erhellt aus den gewöhnlich von dem letzteren in dem Fragebogen gestellten Fragen, welche die Ermittelung der Beschaffenheit des Risicos zum Gegenstand haben. Diese erstrecken sich regelmässig auf alle Punkte, die in den Bereich der

---

[2] Entsch. R.-O.-H.-G. 20. 10. 71, III. 73, 344.
[3] § 3 der V.-B. des Verbandes Deutscher F.-V.-G.
[4] V.-B. § 1 der Deutschen L.-V.-G., V.-B. § 9 der Vieh-V.-B., V.-B. § 6 der Vaterländ. Vieh-V.-G., Art. 3 der Hammonia Glas-V.-G., V.-B. § 4 der Köln. Glas-V.-G. u. a.
[5] V.-B. § 12 der Ceres, Hagel-V.-G., Statut § 21 der Schweiz. Hagel-V.-G. V.-B. § 5 der Preuss. Hagel-V.-G., V.-B. § 8 der Union, Hagel-V.-G. V.-B. § 8 der Berlin. Hagel-V.-G., V.-B. § 9a der Allg. Deutschen Hagel-V.-G. u. a.
[6] L.-R. § 2024, II. 8, § 539, I. 11, H.-G.-B. Art. 810 ff.

Anzeigepflicht des Antragstellers fallen. Im Falle der Zuwiderhandlung gegen die gesetzliche Pflicht des Antragstellers ist als Folge die Unverbindlichkeit des Vertrages für den Versicherer angedroht,[7]) und selbst dann tritt eine Verpflichtung des Versicherers nicht ein, wenn es wahrscheinlich ist, dass der verschwiegene oder falsch dargestellte Umstand bei der Beurteilung des zu übernehmenden Risicos von dem Versicherer nicht für erheblich erachtet worden wäre.[8]) Die Beantwortung des Fragebogens ist nach den genannten Erfordernissen des Versicherungsvertrages eine persönliche Pflicht des Versicherungsuchenden, wie denn auch in den Versicherungsbedingungen die Antragsausfertigung in das Kapitel der Pflichten des Versicherten gestellt wird. Die Versicherungs-Gesellschaften, namentlich die Lebensversicherungs-Gesellschaften, geben ausserdem bei der Antragsausfertigung die Vorschrift, dass jede Declaration entweder von dem Agenten oder von der Ortsbehörde oder von zwei unbescholtenen Bürgern zum Zweck der Feststellung der zu versichernden Person unterzeichnet werden soll. Ist der Declarant des Schreibens unkundig, so muss die Declaration beglaubigt werden. Alle Declarationen, welche die Versicherung einer dem Gesetze nach nicht dispositionsfähigen Person zum Gegenstand haben, sind von den gerichtlich bestellten oder natürlichen Vormunde zu unterzeichnen. Die Declaration einer Ehefrau muss nicht bloss von dieser, sondern zugleich auch von dem Ehemann unterzeichnet sein. Es sind nämlich, insbesondere in der Lebensversicherung, Fälle vorgekommen, wo Täuschungen dadurch vollführt wurden, dass sich eine andere als die zu versichernde Person dem Agenten und dem Arzte vorgestellt hat. Der Versicherungsantrag ist deshalb in der Regel bei der in dem Wohnort des zu Versichernden bestehenden Agentur oder in Ermangelung einer solchen bei dem zunächst wohnenden Agenten persönlich zu stellen. Es ist hierbei besonders darauf aufmerksam zu machen, dass in der etwaigen Unterschrift des Agenten auf dem Versicherungsantrage nicht eine Anerkennung des Inhalts des Antrages durch den Agenten liegt; die Unterschrift des Agenten bedeutet vielmehr in diesem Falle nur eine Beglaubigung der Unterschrift des Antragstellers.

Bei der Ausfertigung des Antrages und der Beantwortung des Fragebogens tritt nun der Agent häufig helfend ein, indem derselbe auf Verlangen der zur Versicherungsannahme bereiten Person oder ohne ein solches zunächst Aufschlüsse und Erläuterungen zu den Fragen und den Versicherungsbedingungen giebt.

Es ist eine häufig geltend gemachte und auch von Dernburg[9]) ausgesprochene Ansicht, dass der Agent gerade berufen sei, „Namens der Versicherungs-Gesellschaft" dem Publicum Auskunft über die Versicherungsbedingungen zu geben. Diese Ansicht kann aber von uns nicht geteilt werden. Der Agent vermag wegen seiner Unkenntnis über die technischen Grundlagen des Versicherungsgeschäfts gar nicht, die Beweggründe für die Entschliessungen der Gesellschaft über Annahme oder Ablehnung eines Versicherungsgeschäftes zu beurteilen. Die Gesellschaft hat ihm deshalb auch thatsächlich nicht die Befugnis zusprechen können, sie für seine Aussagen und Erklärungen verbindlich zu machen. Wäre es dem

---

[7]) L.-R. § 2026, II. 8.
[8]) Entsch. R.-O.-H.-G. 16. 3. 75, XVII, 6. 24.
[9]) Preuss. Privatrecht, B. II. § 682, No. 6.

Agenten aber gestattet, nach eigenem Gutdünken und Ermessen mit dem Versicherungslustigen in Unterhandlung zu treten, so würde durch die grosse Mannigfaltigkeit der auf diese Weise entstandenen Vertragsverhältnisse zwischen der Gesellschaft und dem Versicherungsnehmer jener der Boden zu einer gedeiblichen Geschäftsentwickelung entzogen werden, da bei der grossen Geschäftsausdehnung der Gesellschaften eine einheitliche und gleichförmige Behandlung der Versicherungen notwendig bedingt ist, um die Uebersicht über den Umfang der eingegangenen Verbindlichkeiten nicht zu verlieren. Eben dadurch, dass die Gesellschaft die Bedingungen ihrer Einwilligung zu der Versicherung selbst aufstellt, will sie sich die Bestimmung über die Gültigkeit des Vertrages allein vorbehalten. Ebenso wenig wie der kaufmännische Agent präsumptiv befugt ist, Handlungen vorzunehmen, welche den Auftraggeber dem Dritten verbinden oder den Dritten jenem gegenüber von einer Verpflichtung entbinden kann, ist auch der Agent der Deutschen Versicherungs-Gesellschaften dazu berechtigt.

Diesen Grundsätzen entspricht das Erkenntnis des R.-O.-H.-G. vom 23. 10. 1872[10]), indem dasselbe der Auffassung entgegentritt, dass der Versicherungsagent als solcher in dem ihm zugewiesenen Bezirk die Gesellschaft vollständig vertrete, namentlich auch befugt sei, im einzelnen Falle eine weniger stricte Erfüllung der statutarischen Verbindlichkeiten zu gestatten; dasselbe weicht jedoch in der weiteren Ausführung davon wieder ab, insofern es die Gesellschaft für die dem Versicherungsnehmer durch den Agenten gegebenen Anweisungen, zu denen letzterer instructionsmässig nicht ermächtigt ist, verbindlich macht. Mit Unrecht. Denn um die Verbindlichkeit der Gesellschaft zu begründen, müsste dem Agenten die Vollmacht übertragen sein, Namens der Gesellschaft Aufschlüsse zu geben. Das ist jedoch nicht der Fall. Die Auskunftserteilung gehört untrennbar zur Ausübung seines Geschäftes, für welche er eine eigene Verantwortlichkeit übernommen hat. Wenn daher der Agent durch den Versicherungsnehmer um Erklärungen oder Belehrungen angegangen wird, so können diese nicht als von einem Vertreter der Gesellschaft abgegeben und damit für die Gesellschaft verbindlich gelten, sondern sie sind nichts weiter als persönliche Meinungen des Agenten, die derselbe dem Versicherungsnehmer gemäss seiner Eigenschaft als Vermittler aussprechen kann und darf. Massgebend sind dieselben für die Gesellschaft nie. Das gilt insbesondere für die von dem Agenten erteilten Belehrungen über die Bedeutung der in dem Antrage gestellten Fragen. Der Versicherungsnehmer hat selbst, um nicht gegen die das ganze Versicherungsgeschäft beherrschende Treue und Redlichkeit zu verstossen, nach seinem besten Können und auf Grund der ihm in der Declaration vorgelegten Fragen das zu prüfen und zu überlegen, worüber er, als redlicher Contrahent, dem Versicherer Mitteilung zu machen hat. Er darf weder die ihm bekannten Umstände dem Versicherer vorenthalten, noch hat er, ebenso wenig wie der Agent dazu berechtigt ist, dieselben bezüglich ihrer Erheblichkeit für den Versicherer einer Prüfung zu unterziehen. Das Interesse der Gesellschaft an der richtigen Beantwortung aller in den Declarationsformularen aufgeführten Fragen muss der Antragsteller ohne weiteres voraussetzen. Für die Beurteilung dieser Fragen sind jedoch,

---

[10]) Entsch. R.-O.-H.-G. 23. 10. 72, VII. 99, 371.

wie ein Erkenntnis des R.-O.-H.-G.[11]) ausgeführt hat, die Standes- und Bildungsverhältnisse des Antragstellers zu berücksichtigen.

Diese Verpflichtungen des Versicherungsnehmers ziehen folgende Wirkungen nach sich: Hat sich derselbe bei Abgabe seiner Erklärungen durch den Agenten zu einer Unrichtigkeit bestimmen lassen, so kann er sich der Gesellschaft gegenüber nicht hierauf berufen. Denn mit dem Antragsteller allein schliesst die Gesellschaft den Versicherungscontract; Erklärungen des Agenten sind für sie durchaus irrelevant. Niemand wird behaupten können, dass die Unkenntnis des Versicherungsnehmers über die angeblichen Befugnisse des Agenten die Erweiterung derselben zum Nachteil der Gesellschaft rechtfertigen könnte. Der Agent aber, welcher durch seine Auslassungen, namentlich hinsichtlich der Erheblichkeit eines dem Versicherer anzuzeigenden Umstandes — eine der häufigsten Einwendungen in den Rechtsstreitigkeiten gegen die Versicherungs-Gesellschaften —, den Antragsteller in einen Irrtum versetzt oder ihn durch unrichtige Belehrung zu einer unrichtigen Angabe oder zur Verschweigung der wahren Sachlage veranlasst hat, ist, wenn nicht der Versicherungsnehmer selbst dabei wider besseres Wissen gehandelt, durch die Uebernahme des Vermittelungsgeschäftes verpflichtet, die Folgen seiner Handlungsweise zu verantworten. An ihn muss sich der Versicherungsnehmer wegen der Schadloshaltung wenden; die Gesellschaft aber, welche dem Agenten zur Abgabe derartiger Erklärungen keine Ermächtigung erteilt hat, wird dadurch in keiner Weise gebunden. Es kann daher aus dem Gesagten der vom Ober-Landesgericht in Stuttgart aufgestellten und von dem R. G. in einem ungedruckten Urteil vom 11. 7. 1886 gebilligten Behauptung nicht beigepflichtet werden, dass aus einer unrichtigen Angabe ein Einwand gegen den Anspruch auf die Versicherungssumme dann nicht hergeleitet werden könne, wenn der Agent Anlass zu unrichtiger Beantwortung einer Frage gegeben oder die ihm richtig angezeigte Thatsache als unerheblich in dem Antragsbogen zu vermerken unterlassen habe. Die Gesellschaft betrachtet den Agenten hier, soweit des letzteren Thätigkeit über die Grenze der Instruction hinausgeht, wie jeden Dritten, an den sich der Versicherungsnehmer um Aufklärung gewandt hat. Der Agent wird, wie Lewis[12]) richtig bemerkt, seitens des versicherten Publicums in dieser Hinsicht lediglich als Sachverständiger angegangen, nicht anders, als etwa ein in Versicherungssachen bewanderter Rechtsanwalt, nicht aber als Vertreter der concreten Versicherungs-Gesellschaft. Es greift auch in diesem Falle die Bestimmung der Policebedingungen Platz, nach welcher es nicht darauf ankommt, ob die Anzeige wissentlich oder durch Irrtum, mit oder ohne Verschulden unrichtig gemacht worden ist, weil der dadurch veranlasste Irrtum des Versicherers den Rücktritt vom Vertrage begründet. Aus diesen Gründen erscheint ein Erkenntnis des R.-O.-H.-G.[13]) als ungerechtfertigt, in welchem zum Ausdruck gekommen ist, dass einer Versicherungs-Gesellschaft nicht der Rücktritt vom Vertrage zusteht, wenn sich der Versicherungsnehmer der Angabe einer von dem Agenten als unwesentlich bezeichneten Thatsache entzogen hat. Auch in dem Urteil des II. C.-S.

---

11) Entsch. R.-O.-H.-G. 21. 11. 71, IV. 61, 13.
12) Lehrbuch S. 155.
13) Entsch. R.-O.-H.-G. 5. 11. 72, VII. 109, 423. vgl. Entsch. 16. 3. 75 XVII. 6,25.

des R.-G. vom 6. 4. 1883[14]) wird vollständig das Wesen und die Bedeutung der Agenturthätigkeit verkannt, wenn dasselbe annimmt, „dass der Agent der Versicherungs-Gesellschaft zwar nicht befugt war, Verträge abzuschliessen oder von den durch die Gesellschaft gestellten unzweideutigen Bedingungen zu dispensiren, dass er aber den Auftrag hatte, die Verträge zu vermitteln und die Anträge entgegenzunehmen, und dass hierin die Vollmacht lag, die Statuten und Vertragsbedingungen auszulegen und die Beteiligten über deren Sinn und Tragweite zu belehren." Jede falsche Auslegung würde eine teilweise Abänderung des Vertragswillens der Gesellschaft sein, und zu einer solchen Abänderung ist, wie zum Vertragsschluss überhaupt, nur die Gesellschaft selbst befugt.

§ 5.
2. Der Agent bei der Antragsausfertigung.

Muss nun bezüglich der das Versicherungsgeschäft einleitenden Aeusserungen des Unteragenten eine Haftung der Versicherungs-Gesellschaft für dieselben abgelehnt werden, so wird man sie um so mehr da auszuschliessen berechtigt sein, wo die Thätigkeit des Agenten ausserhalb seines instructionsmässigen Wirkungskreises von dem Versicherungsnehmer in Anspruch genommen wird. Diese Erscheinung tritt in der Ueberlassung der Ausfüllung der Antragspapiere an den Agenten am häufigsten auf, indem der Antragsteller seinerseits auf dem Antrage nur die Unterschrift seines Namens vollzieht. Die Policebedingungen besagen darüber in ihrem § 1 mit mehr oder weniger abweichendem Wortlaute:

„Jede Versicherung bei der Gesellschaft ist unter Benutzung der dafür vorhandenen Antragsformulare schriftlich zu beantragen. Der Versicherungsnehmer hat die Fragen des Antragsformulars selbst auszufüllen. Ueberträgt er die Ausfüllung einer anderen Person, so handelt diese lediglich in seinem Auftrage und auf seine Gefahr dergestalt, dass alle Angaben und Erklärungen in dem Antrage sowohl, als auch in allen etwaigen Nachträgen zu demselben als von ihm selbst bewirkt und gewollt gelten. Jedenfalls müssen alle Erklärungen von dem Versicherungsnehmer eigenhändig vollzogen werden, wodurch er sein völliges Einverständnis mit deren ganzem Inhalt anerkennt. Mündliche oder schriftliche Nebenvereinbarungen mit dem Geschäftsvermittler der Gesellschaft sind für die Gesellschaft nicht verpflichtend."

Die Entgegennahme derartiger Aufträge liegt in dem Wesen des durch die Verkehrsbedürfnisse geschaffenen Instituts des selbstständigen Vermittelungsgeschäftes begründet, das nicht sowohl den Ausgleich zwischen Angebot und Nachfrage an und für sich zu vermitteln, sondern auch das Zustandekommen der Verträge durch Hülfeleistung seitens des Vermittlers im Interesse beider Contrahenten zu erleichtern hat. Nichts anderes bezweckt auch die Agententhätigkeit. Die Anerbietung zur Ausfertigung der zum Versicherungsvertrage erforderlichen Formulare und die Ausfertigung selbst auf den ausgesprochenen Wunsch oder auch nur unter stillschweigendem Einverständnis des Antragstellers bilden lediglich Teile seiner Berufsthätigkeit. Diese Thätigkeit wird namentlich dort in den Vordergrund treten, wo es sich um die Vermittelung von Versicherungen aus denjenigen Kreisen handelt, deren Angehörige ihrem Bildungsstande

---

14) Vereinsblatt J. 1884, S. 247.

nach häufig gar nicht in der Lage sind, den von einer Versicherungs-Gesellschaft gestellten Anforderungen genügen zu können, ohne sich der Hülfe des Agenten oder anderer Personen zu bedienen. Auch für diese Fälle und namentlich, wenn der Versicherungslustige des Schreibens unkundig ist, und der Agent deshalb für diesen die Richtigkeit des Versicherungsantrages bescheinigen muss, ist in den Ageneninstructionen bezüglich der Haftung die Bestimmung getroffen, dass der Agent diese Bescheinigung selbstredend nur auf Grund eigener Anschauung vollziehen darf und Namens des Versicherungsnehmers der Gesellschaft gegenüber die Verantwortlichkeit für die Richtigkeit der eingerichteten Angaben zu tragen hat.[1])

Bei dem klaren Wortlaute des § 1 der Policebedingungen ist von einer Haftung der Gesellschaft aus der Mitwirkung des Agenten abzusehen, da dieser nur im ausdrücklichen oder stillschweigenden Auftrage des Versicherungsnehmers thätig gewesen ist. Dagegen haftet der Agent nach allgemeinen Rechtsgrundsätzen dem Versicherungsnehmer für jeden Schaden, der aus einer Verletzung dieses Auftrages für den Auftraggeber der Gesellschaft gegenüber hervorgeht. Durch die Vornahme der Ausfüllung des Antragsformulares seitens des Agenten ist zwischen dem Versicherungsnehmer und jenem ein eigenes Rechtsverhältnis begründet, welches das Vertragsverhältnis zwischen ersterem und dem Versicherer durchaus nicht berührt. Ein Verschulden des Agenten aus dieser Handlung ist demnach für die Versicherungs-Gesellschaft ganz irrelevant. Denn da die Versicherungs-Gesellschaft nach ihren Vertragsbedingungen von dem Antragsteller stets dessen Unterschrift oder die ausdrückliche Ermächtigung des Agenten, an seiner Statt dieselbe zu vollziehen, auf den Versicherungsanträgen fordern muss, um nicht gewärtig zu sein, dass andernfalls der Antragsteller sich von dem Antrage zurückzieht, so hat sich der Versicherungsnehmer von der Richtigkeit der Antworten vertragsmässig selbst zu überzeugen. Derselbe hat bei eingetretener Pflichtwidrigkeit auf Grund seines rechtsverbindlichen Bekenntnisses, welches er durch die Unterzeichnung des allgemein üblichen, den Declarationsformularen beigefügten Schlusspassus: „Ich Endesunterzeichneter versichere hiermit, dass ich die vorstehenden Fragen nach meiner besten Ueberzeugung wahrheitsgetreu beantwortet habe", abgegeben hat, ohne Rücksicht darauf, ob er sich selbst der Beantwortung der Fragen unterzogen oder dieselbe einem Anderen überlassen hat, die Folgen dieser Pflichtwidrigkeit zu tragen, nicht aber die Versicherungs-Gesellschaft aus der Unterstellung des Agenten als Bevollmächtigten derselben, da eine solche Unterstellung inhaltlich des überall kundgegebenen Willens des Versicherers jeglicher Begründung entbehrt und überhaupt mit dem Zweck der Anzeigepflicht unvereinbar sein würde.

Der Bedeutung der vom Antragsteller auf dem Antragsformulare geleisteten Unterschrift entsprechend und in richtiger Würdigung des Characters der bei der Ausfüllung des Antragsformulars seitens des Unteragenten entwickelten reinen Vermittelungsthätigkeit als solcher hat das R.-O.-H.-G. in mehreren Entscheidungen[2]) ausgesprochen, dass mit der

---

[1]) Z. B. Ag.-Instr. der Westdeutschen V.-A.-B. § 16.
[2]) Entsch. R.-O.-H.-G.: 19. 11. 72. VIII. 14, 57; 16. 3. 75 XVII. 6, 22, 23. 5. 76 Repert. 1876 No. 444.

Unterzeichnung des einem Anderen, gleichviel, ob dem Agenten oder einem Dritten, zur Beantwortung überlassenen Fragebogens der Versicherungsnehmer notwendig das Risico für die etwaige Unrichtigkeit der beantworteten Einzelfragen übernimmt, da er den Versicherer bezüglich der für die Beurteilung der zu übernehmenden Gefahr wesentlichen Umstände in den Irrtum versetzt, dass von ihm, dem Unterzeichner, auch die Richtigkeit der Antworten vertreten werden solle. Den Gedanken, dass die Erklärung des Agenten für den Versicherungsnehmer nicht als die des letzteren gelten solle, erklärt das R.-O.-H.-G. für unfasslich und erachtet die Annahme, dass der Agent, während er für den Versicherungsnehmer eine Erklärung abgebe, als Vertreter der Gesellschaft handele, sogar für widersinnig und absurd. Auch das R.-G. erkennt in einer ungedruckten Entscheidung vom 24. 6. 1887 die Bedeutung der Unterschrift dadurch an, dass es in einem Falle, wo der Versicherte die zur Klageerhebung in der Policebedingung gesetzte dreimonatliche Frist versäumt hatte, die Replik desselben, dass er den Inhalt des von ihm unterschriebenen Antrages nicht gekannt und in Folge unredlichen Verhaltens des Unteragenten auch nicht in Erfahrung gebracht habe, verwirft und ausspricht, mit der Vollziehung einer Urkunde, deren Inhalt nicht bekannt, aber doch zu erfahren sei, unterwerfe sich der Antragsteller den aus der Unterschrift folgenden rechtlichen Consequenzen. Damit habe er freiwillig die Gefahr übernommen, dass der ihn verpflichtende Inhalt der Urkunde das von ihm etwa gewollte Mass der übernommenen Verbindlichkeiten überschreite und den Nachteil, der ihn durch die Versäumung der formularischen Frist zur Klagestellung betroffen, selbst veranlasst.

Im Anschluss hieran verdient die Frage eine nähere Beleuchtung, in wie weit der Agent den Character eines Stellvertreters des Versicherungsnehmers erhalten kann. Es ist gerade diese Frage eine um so wichtigere, je mehr die auf Vermittelung gerichtete Thätigkeit des Agenten in die eines Stellvertreters übergehen kann. Hierbei ist der Inhalt des Auftrages des Versicherungsnehmers an den Agenten, für ihn die Ausfüllung der Versicherungsformulare zu besorgen, allein massgebend. Als Stellvertreter des Versicherungsnehmers wird der Agent nur dann betrachtet werden können, wenn der Inhalt dieses Auftrages eine Vollmacht erkennen lässt und in dem Antrage an Stelle der Namensunterschrift des Antragstellers ein diesem Auftrage entsprechender Vermerk gemacht ist. Kann aber, und das ist in der Vermittelungspraxis der Agenten vorherrschend, aus dem Inhalte des Auftrages nur auf eine gewöhnliche Dienstleistung geschlossen werden, so erleidet die Stellung des Agenten als Vermittler beider Contrahenten dadurch keine Veränderung.

Diese hierbei streng zu beobachtende Unterscheidung ist von wesentlichem Einfluss bei der Beurteilung der Frage, in wie weit die Kenntnis des Agenten beim Vertragsabschluss von Belang ist. Wurde der Versicherungsvertrag durch den Agenten in Stellvertretung des Versicherungsnehmers geschlossen, so sind sowohl die dem Stellvertreter wie die dem Vertretenen bekannten erheblichen Umstände dem Versicherer anzuzeigen, und der Versicherungsnehmer ist der Versicherungs-Gesellschaft gegenüber für etwaige durch Verschulden des Stellvertreters entstandene unrichtige Angaben verantwortlich.[3]) Daraus folgt, dass jeder mit der Unkenntnis

---

[3]) Vergl. Rüdiger, Die Rechtslehre vom Lebensversicherungs-Vertrage S. 185 N. 1, Dernburg a. a. O. S. 682 N. 20, Dresdener Protocolle S. 3309. L.-R. § 2029, II. 8.

eines Umstandes von dem Versicherungsnehmer begründete Einwand hinfällig ist, wenn die Kenntnis des Agenten über den fraglichen Umstand nicht geläugnet werden kann, und dass umgekehrt die Kenntnis des Auftraggebers die Nichtkenntnis des Beauftragten wirkungslos macht.

Ganz anders verhält es sich dagegen, wenn der Agent nur soweit als Beauftragter des Versicherungsnehmers auftritt, als er nur schlechthin die Antragsfragen zu beantworten hat, ohne damit auch eine Stellvertretung seines Auftraggebers der Versicherungs-Gesellschaft gegenüber zu übernehmen, was immer anzunehmen ist, wenn die Antragspapiere die eigenhändige Unterschrift des Antragstellers tragen. Dann kann dem Agenten doch nur die Eigenschaft einer Mittelsperson zugesprochen werden, die im Interesse eines oder beider Teile nur eine vermittelnde oder vorbereitende Thätigkeit für das Zustandekommen von Verträgen ausübt. Dass ein Contrahent auch für die Wissenschaft einer solchen Person verantwortlich sein sollte, selbst wenn sie allein oder vorwiegend in seinem Auftrage oder Interesse gehandelt hätte, dafür fehlt es an jedem Rechtsgrunde.[4] Ferner ist für diese Frage noch ein Urteil des R.-O.-H.-G. vom 9. 3. 1877[5] hervorzuheben, in welchem erklärt wird, dass die Gesellschaft die Unterlassung der Anzeige eines dem Agenten bekannten Umstandes bei der Antragsausfüllung durch diesen zu vertreten habe, von der Annahme ausgehend, dass der Agent als ein die Angaben der Versicherungsnehmer controlirender Geschäftsbevollmächtigter der Versicherungs-Gesellschaft zu bezeichnen sei. Mit Recht hat dagegen Rüdiger[6] eingewandt, dass allerdings dem Agenten eine derartige Aufgabe übertragen werden könne, dass es aber zu weit gehen dürfte, einen derartigen Auftrag schon aus dem Umstande zu folgern, dass die Leiter der Gesellschaft wissen, dass ihre Agenten die Versicherungsanträge ausfüllen. Die Vorschrift der Königl. Sächsischen Ausführungsverordnung zum Immobiliar-Brand-Vers.-Ges. vom 20. 10. 1862 fordert zwar die Prüfung resp. Richtigstellung der Declaration durch den Agenten, doch kann hiermit nicht die unbedingte Verbindlichkeit des Agenten gemeint sein, nun auch in allen Fällen eine Besichtigung des betreffenden Risico vorzunehmen, sondern diese Obliegenheit wird sich auf diejenige Declaration beschränken können, wo Umstände vorliegen, denen eine besondere Aufmerksamkeit zugewandt werden muss, oder Angaben gemacht worden sind, die zu berechtigtem Zweifel Veranlassung geben. Aber abgesehen davon, dass die damit verbundenen Schwierigkeiten auf die Geschäftsführung der Versicherungsanstalt und auch auf die Gewinnung von Versicherungen erschwerend wirken würden, kommt doch noch in Betracht, dass die stricte Ausführung einer solchen Massregel nicht selten bei dem Versicherungsnehmer zur Wahrung geschäftlicher Interessen auf energischen Widerstand stossen würde. Das R.-O.-H.-G. hat daher in richtiger Erkenntnis der aus der stricten Erfüllung vorgedachter Vorschrift dem Versicherungs-Geschäfte erwachsenden Nachteile in einer Entscheidung vom 21. 6. 1872[7] erkannt, es sei zu weitgehend, wenn angenommen werde, dass die Versicherungs-Gesellschaft im Unterlassungsfalle der Besichtigung durch den Agenten keinen Einwand aus solchen Unrichtigkeiten ableiten dürfe, die

---

[4] Vergl. Erkenntnis des O.-A.-G. zu Lübeck 24. 11. 1862, Males' Ztsch. S. 82.
[5] Repert. 1877 No. 111.
[6] a. a. O. S. 150 Note 16.
[7] Entsch. R.-O.-H.-G. B. VI. 95, 424.

bei vorgenommener Besichtigung voraussichtlich wahrzunehmen gewesen wären.

Wenden wir uns nunmehr den Entscheidungen des Reichsgerichtes zu, soweit sie die rechtliche Stellung des Unteragenten in diesem Teile seiner Vermittelungsthätigkeit berühren.

Es liegt nicht in unserer Absicht, sämmtliche hierüber erflossenen Entscheidungen des höchsten Gerichtshofes an dieser Stelle heranzuziehen und sie kritisch zu beleuchten, weil ein Eintreten in diese Absicht den für unsere Aufgabe gezogenen Rahmen weit überschreiten würde. Vielmehr begnügen wir uns mit der chronologisch geordneten Anführung einiger bemerkenswerter Urteile, aus welchen genügend ersichtlich ist, wie schwankend die Gerichtspraxis in der Auffassung der rechtlichen Stellung des Unteragenten ist. Der Grund für diese so auffällige Erscheinung liegt u. E. darin, dass dem Richter in vielen Fällen die richtige Erkennung der thatsächlichen Stellung des Unteragenten erschwert wird, dass ihm sogar namentlich durch den für die Bezeichnung des Unteragenten gänzlich unzulässigen Ausdruck der Versicherungsbedingungen „Vertreter", „Bevollmächtigter", statt dessen das bei weitem besser die Stellung des Agenten treffende Wort „Geschäftsvermittler" hätte gewählt werden sollen, geradezu eine irrtümliche Auffassung aufgedrängt wird.

Zunächst ist hier auf ein Urteil des R.-G. vom 27. 10. 1882 aufmerksam zu machen, dem wir bereits auf S. 20 begegnet sind. Es handelte sich im vorliegenden Streitfalle um eine Immobiliar-Feuerversicherung, von welcher ein Teil bereits anderweitig gedeckt war. Bei der Antragstellung war eine bezügliche Frage des Antragsformulars verneint, aber eine Anzeige des fraglichen Umstandes dem Agenten durch den Versicherungsnehmer gemacht worden. Bei Entgegennahme dieser gleichzeitig mit dem Versicherungsantrage erfolgten Anzeige erscheine nun, spricht das Oberlandesgericht in München aus, der Agent als Vertreter der Gesellschaft, und es sei daher die Anzeige an den Agenten gerade so anzusehen und zu behandeln, als sei sie direct dem Director der Gesellschaft gemacht worden. Diese Auffassung erfuhr in der von der Versicherungs-Gesellschaft eingelegten Revision eine Zurückweisung unter Geltendmachung der Verletzung von Rechtsnormen, die aber vom zweiten Senat des R.-G. für unbegründet erachtet wurde. Wenn das Oberlandesgericht, so wurde ausgeführt, im Hinblick auf die Stellung, welche die Unteragenten erfahrungsmässig einnehmen, sowie auf verschiedene Bestimmungen der Police der beklagten Gesellschaft eine Vollmacht bezeichneter Art annehme, so habe es keineswegs ein falsches Rechtsprincip aufgestellt, wie behauptet werde, sondern eine thatsächliche Feststellung gegeben. Es habe teils aus allgemeinen Thatsachen, teils aus Thatsachen, die bloss den vorliegenden Fall betreffen, gefolgert, dass dem Agenten die Vollmacht, die Gesellschaft bei Entgegennahme fraglicher Anzeige zu vertreten, wenn auch nur stillschweigend, erteilt worden sei.

Abgesehen davon, dass eine Feststellung, die sich aus der Schlussfolgerung von mehreren thatsächlichen Umständen ergiebt, nicht thatsächlicher, sondern rechtlicher Natur ist, und dass demgemäss in der That von dem O.-L.-G. ein falsches Rechtsprincip aufgestellt ist, können wir bezüglich der allgemeinen Thatsachen, aus denen auch das R.-G. die Vollmacht des Agenten zur Vertretung gefolgert hat, die aber allein auf der selbstständig geführten Vermittelungsthätigkeit der Agenten fussen, auf das S. 20 bereits besprochene Repräsentationsverhältnis verweisen.

Mit der Sentenz des eben gedachten Urteils stimmt eine Entscheidung des dritten Civilsenats des R.-G. vom 3. 7. 1883a) überein. Wir erfahren hier, dass der Agent die von der Versicherungs-Gesellschaft zur Vermittelung des Abschlusses der Versicherungsverträge bestimmte Person ist. Er handele dabei als Vertreter der Gesellschaft und könne nicht daneben auch als Beauftragter des Versicherunganehmers fungiren. Der Versicherungsnehmer wolle den Agenten nicht zu seinem Beauftragten machen, wenn er es geschehen lasse, dass von ihm die Ausfüllung und die Unterzeichnung des Vertrages übernommen würde. Er wolle damit seinerseits nicht irgend welches Risico übernehmen, er gehe vielmehr davon aus und dürfe davon ausgehen, dass der von der Gesellschaft mit der Vermittelung betraute Agent am besten wissen werde, was dabei wahrzunehmen sei, und jedenfalls könne nie davon die Rede sein, dass für von dem Vertreter der Gesellschaft begangene Versehen nicht dieser, sondern der Versicherte aufzukommen habe.

Schon die unvermittelte Zusammenstellung der hervorgehobenen Worte giebt zu Bedenken Anlass. Es mangelt augenscheinlich an einer rechtlich logischen Verbindung, die berechtigterweise zu fordern ist, da doch nach allgemeinen Rechtsgrundsätzen der Satz unanfechtbar ist, dass eine Person durch ein und dieselbe Handlung gleichzeitig nicht zwischen zwei Parteien vermitteln und die eine von beiden in rechtsverbindlicher Weise vertreten kann, so wenig die vertretene Person selbst zwischen sich und dem anderen Contrahenten vermitteln kann. Möglich ist aber, dass der Vermittler neben und aus Anlass seiner Vermittelungsthätigkeit für einen Contrahenten Handlungen mit rechtsverbindlicher Kraft für denselben vornehmen, d. h. ihn vertreten kann. Doch ist hierzu eine specielle Vollmacht notwendig, in deren Besitz der Versicherungsagent sein muss, wenn die Vertretung durch denselben als eine für die Gesellschaft verbindliche gelten soll. Eine derartige Vollmacht kann nicht aus der Stellung des Agenten als Vermittler schlechtweg gefolgert werden.

Auch mit der weiteren Ansicht des R.-G., dass der Antragsteller nicht die von dem Agenten für ihn in dem Antragsformular gemachten Angaben zu vertreten habe, können wir uns nicht einverstanden erklären. Es ist bereits oben der Nachweis geführt, dass der Antragsteller, welcher den Agenten, ohne dessen Vollmacht zu prüfen, als Vertreter der Versicherungs-Gesellschaft betrachtet, die Gefahr eines solchen Irrtums selbst zu tragen hat, aber berechtigt ist, den Agenten für einen daraus entstandenen Schaden zur Verantwortung zu ziehen, falls letzterer sich fälschlich als Vertreter der Gesellschaft gerirt hat. Es lagen dieser Entscheidung drei Versicherungsanträge zu Grunde, von denen nur einer die eigenhändige Unterschrift des Antragstellers trug. Wenn es nun in der Motivirung heisst, der Antragsteller habe mit Billigung der Unterzeichnung durch den Agenten diesem zur keinen Auftrag zu einer derartigen Handlung in seinem Namen erteilt, so fehlt es dem Versicherungsvertrage an einem wesentlichen Erfordernisse seiner Existenz, nämlich der Willenserklärung seitens eines der Contrahenten. In diesem Falle kann unter Berücksichtigung der Natur des Versicherungsvertrages von einem Abschluss gar nicht die Rede sein, demgemäss auch eine Vertragsverbindlichkeit der Versicherungsgesellschaft gar nicht vorliegen. Wenn nun trotzdem der Agent den Antrag bei der Gesellschaft zur Vorlage gebracht hat und dadurch

---

a) Entsch. Bd. IX. 50, 196.

den Irrtum der Gesellschaft, dass auch der vermeintliche Antragsteller mit der beantragten Versicherung einverstanden sei, veranlasst hat, so ist es selbstverständlich, dass nicht diese für das begangene Versehen aufzukommen, sondern der Agent die Folgen dieser Irrtumserregung zu tragen hat.

Im Verfolg der Entscheidung heisst es weiter, der erste Versicherungsantrag trage zwar die eigenhändige Unterschrift des Versicherungsnehmers, es stehe aber fest, dass dieser Antrag mit der Namensunterschrift versehen, unausgefüllt dem Agenten übergeben sei, und es sei weder behauptet worden, dass dieser Antrag nach der durch den Agenten erfolgten Beantwortung der Fragen dem Antragsteller zur Genehmigung vorgelegt, noch dass der Versicherungsnehmer vorher befragt worden, wie die (mehrgedachte) Frage zu beantworten sei. Auch hier sei die objectiv unrichtige Beantwortung der betreffenden Frage auf ein Versehen des Vertreters der Versicherungs-Gesellschaft zurückzuführen.

Zur Entkräftung dieser Auslassung weisen wir auf die oben bereits gekennzeichnete Bedeutung und den Zweck der Namensunterschrift des Antragstellers in dem Versicherungsantrage für den Versicherungsvertrag selbst zurück. Ausserdem ist doch wohl nicht darüber zu streiten, dass es die Pflicht jeder Person ist, sich um den Inhalt eigenhändig unterschriebener Schriftstücke zu kümmern.

Von den eben erwähnten Grundsätzen ist das R.-G. in dem folgenden Erkenntnisse vom 9. 12. 1886[9]) mit Recht abgewichen. Hier kommt der Satz zur Geltung: Der Unteragent ist Beauftragter des Antragstellers, wenn er die Ausfüllung des Fragebogens übernimmt. Es lag diesem Urteil die Thatsache zu Grunde, dass die Versicherung des Antragstellers bei einer Gesellschaft zurückgestellt und dann bei einer anderen Versicherungs-Gesellschaft beantragt, dabei aber der frühere Antrag bei der ersteren Gesellschaft durch einen die Ausfertigung des zweiten Antrages bewirkenden Lehrer N. als Unteragenten verschwiegen worden war. In dem vorliegenden Falle, stellt der zweite Richter fest, habe der Lehrer N. die Geschäfte eines Agenten der beklagten Gesellschaft wahrgenommen, sei aber nicht ständiger Agent derselben gewesen, habe nur in einzelnen Fällen den Abschluss von Versicherungs-Verträgen für dieselbe vermittelt und keine Vollmacht zum Vertragsabschlusse gehabt; insbesondere habe sich gegebenen Falles sein Mandat nur darauf erstreckt, den Verkehr des Antragstellers mit der Direction und den Abschluss des Versicherungsvertrages nach Massgabe der dem Antragsteller ebenso wie dem Agenten bekannten allgemeinen Bedingungen zu vermitteln. „Diese thatsächliche Feststellung", heisst es in den Entscheidungsgründen, „ist ebenso unanfechtbar, wie die Ansicht einwandfrei, der Begriff „Agent" sei nicht ein rechtlich feststehender, sondern dessen Vollmachtsverhältnis im einzelnen Falle festzustellen. Auf Grund dieser concreten Feststellung aber hat der zweite Richter zunächst völlig zutreffend erwogen, dass die Kenntnis des Agenten N. von der verschwiegenen Thatsache nicht als Kenntnis der beklagten Gesellschaft angesehen werden könne; denn um dieses wahrzunehmen, hätte N. Vertreter der Gesellschaft sein müssen, was er nicht war. Aber auch die weitere Erwägung, dass das Verschulden des Agenten N., welcher das Antragsformular ausfüllte und dabei gleichfalls bewusster

---

9) Vereinsblatt J. 1887, S. 1.

weise den an die erste Gesellschaft gestellten Antrag verschwieg, der beklagten Gesellschaft nicht zuzurechnen sei, ist frei von Rechtsirrtum. Es ist erwogen, zur Ausfüllung des Antragsformulars habe N. von der Direction keinen Auftrag gehabt, er habe hierbei nur für den Antragsteller gehandelt, und wenn dieser die Beantwortung der Fragen, welche die Gesellschaft nicht vom Agenten, sondern vom Versicherungsnehmer erwarte, dem Agenten überlasse, so nehme er damit das Risico unrichtiger Antworten auf sich." Wenn auch im Ganzen gegen dieses Erkenntnis nichts einzuwenden ist, so sei doch hier darauf aufmerksam gemacht, dass die Einschränkung des R.-G., dass nur nach Lage des besonderen Falles der Agent N. nicht Vertreter der Gesellschaft sei, insofern leicht irreführend ist, als Unteragenten niemals Vertreter der Gesellschaft sind, es sei denn, dass ihnen ausnahmsweise ausdrücklich Vollmacht ertheilt sei.

An dieser Auffassung hat das R.-G. ferner in den folgenden zwei Entscheidungen vom 21. 6. 1887 und vom 7. 3. 1888 [10]) festgehalten. Im ersteren Falle hatte der Antragsteller Declarationsfragen über Gesundheit, frühere Krankheiten u. dergl. durch einen Agenten nicht wahrheitsgemäss beantworten lassen. „Die der Klage", so lautet das Urteil, „welche auf Auszahlung der vertragsmässigen, mit dem Tode des Versicherungsnehmers fällig gewordenen Versicherungssumme gerichtet ist, von der beklagten Gesellschaft entgegengehaltene Einrede der Ungültigkeit oder Verwirkung der Versicherung stützt sich auf Art. 1 der Allg. Pol.-Bed., welchen sich der Versicherungsnehmer im Vertrage unterworfen hat, nachdem er dies schon bezüglich des Art. 1 im Versicherungsantrage vom 29. 11. 1883 erklärt hatte. Ohne Rechtsirrtum konnte das Berufungsgericht dem Umstande keinen Werth beilegen, dass der Fragebogen von dem Unteragenten ausgefüllt wurde, denn es ist festgestellt, dass der Antragsteller den Fragebogen erst nach Ausfüllung der Antworten unterzeichnet hat und in der Lage war, dessen Inhalt zu prüfen. Zu den in Art. 1 der Bedingungen bezeichneten, als Grundlage zum Versicherungsvertrage dienenden Erklärungen der Contrahenten gehören zweifellos die vom Versicherungsnehmer in den beiden Anträgen und im Fragebogen über seine Gesundheitsverhältnisse gemachten Angaben, deren Inhalt bereits im Thatbestande angeführt ist."

In dem zweiten Falle war die Frage nach dem Eigentumsverhältnisse der versicherten Gegenstände unrichtig beantwortet worden. Der seitens der klägerischen Versicherungsnehmerin erhobene Einwand, dass die betreffende Angabe im Versicherungsantrage nicht von ihr, sondern vom Agenten der beklagten Versicherungsgesellschaft niedergeschrieben und ihr nicht vorgelesen sei, „kann, wie der Berufungsrichter richtig ausführt, von der Klägerin darum nicht geltend gemacht werden, weil sie den Antrag nach der Ausfüllung unterschrieben hat, sich daher gefallen lassen muss, so behandelt zu werden, als wenn sie das Document selbst geschrieben hätte."

Das R.-G. scheint hier bei der Beurteilung der Haftbarkeit des Antragstellers für die Niederschrift der Declarationsangaben durch den Agenten einen Unterschied darin zu machen, ob vor oder nach der Ausfertigung des Formulars durch jenen die Unterschrift geleistet ist. Mit Unrecht. Denn, wenn an dem Grundgedanken festgehalten wird, dass der Antragsteller den Unteragenten mit der Ausfüllung der Declaration betraut, so ist es gleichgültig, ob jener das Antragsformular mit seiner Unterschrift

---

[10]) Vereinsblatt J. 1888, S. 24 u. S. 212.

vor oder nach der Ausfüllung desselben versieht. In beiden Fällen ist es die Pflicht des Antragstellers, um den Inhalt des Antrages sich zu kümmern, da er durch seine Unterschrift die durch den Unteragenten gemachten Angaben policengemäss sich zu eigen macht. Unterlässt er aber gegebenen Falls die Durchsicht des ausgefüllten Fragebogens, so hat er die Folgen etwa unrichtig gemachter Angaben selbst zu tragen. Es steht ihm dann freilich das Recht zu, den Unteragenten auf Schadensersatz in Anspruch zu nehmen.

Im Widerspruch mit diesen Grundsätzen der drei soeben mitgeteilten Entscheidungen, hat das R.-G. befremdlicherweise in den folgenden zwei Entscheidungen in völliger Verkennung der Stellung des Unteragenten als Geschäftsvermittlers zwischen Versicherungs-Gesellschaft und dem versicherungsnehmenden Publicum demselben wieder eine generelle Vertretungsbefugnis für die Versicherungsgesellschaft zuerkannt.

„Bei der (unrichtigen) Beantwortung der Frage 6 des Versicherungsantrages (über die Lage der zu versichernden Gebäude),“ heisst es in einem Urteil vom 9. 11. 1888,[11]) „handelte es sich nicht sowohl um eine Thatsache, über deren Vorhandensein zunächst der Antragsteller selbst die beste und sicherste Auskunft zu geben im Stande war, sondern um örtliche Verhältnisse, welche von jedermann, dem Agenten sowohl wie dem Antragsteller und jedem Dritten, durch Augenschein unmittelbar wahrgenommen werden konnten. Ueberliess es nun der Antragsteller dem Agenten der Beklagten, die gestellten Fragen nach dem Ergebnisse der eigenen Besichtigung der Oertlichkeit auszufüllen und hat, wie nach dem Gesammtinhalte der Entscheidungsgründe zum Berufungsurteile als festgestellt zu erachten ist, der Agent hierbei aus blossem Versehen die Frage 6 unrichtig beantwortet, der Kläger aber ohne Kenntnis von diesem Versehen und ohne eine Verantwortlichkeit für diese Erklärung übernehmen zu wollen, den Versicherungsantrag unterschrieben, so muss die beklagte Gesellschaft sich den Irrtum ihres Agenten anrechnen lassen. Der Versicherte durfte voraussetzen, dass der den Vertragsabschluss vermittelnde Agent, gleichwie er in dem an die Gesellschaft zu erstattenden Berichte sich aus eigener Anschauung pflichtgemäss und wahrheitsgetreu über die in Betracht kommenden örtlichen Verhältnisse aussprechen werde, so auch den Versicherungsantrag dem wirklichen Sachverhalte entsprechend ausgefüllt habe."

Anscheinend ist diese Urteilsfällung von der bereits S. 32 erwähnten Entscheidung vom 3. 7. 1883 beeinflusst worden, da in beiden Erkenntnissen die gleiche Ansicht vorwaltet. Zur Widerlegung derselben beziehen wir uns daher auf die dortige Darlegung, unterlassen es jedoch nicht, hier noch auf die Entscheidung des R.-O.-H.-G. vom 16. 3. 1875, S. 29 zur Unterstützung hinzuweisen.

Dasselbe gilt von der Entscheidung des R.-G. vom 18. 9. 1889[12]), wenn dasselbe am Schlusse derselben annimmt, dass der Agent im nachfolgenden Falle nicht als Bote, sondern als „Organ der beklagten Versicherungs-Gesellschaft" anzusehen sei, dessen Wahrnehmung und Wissenschaft die Beklagte gegen sich gelten lassen müsse. Die Meinung des Berufungsgerichts, sagt das R.-G., dass die der klägerischen Versicherungsnehmerin

---

[11]) Vereinsblatt J. 1890, S. 159.
[12]) Vereinsblatt J. 1890, S. 257.

zur Last gelegte unrichtige Beantwortung der Declarationsfrage bezüglich eines früheren Brandschadens, welche sie einem Agenten überlassen hatte, nachdem sie den Antrag in blanco unterschrieben hatte, lediglich auf ein Versehen des Agenten zurückzuführen sei, da es dessen Sache gewesen wäre, mittelst Nachfrage von der Klägerin über diejenigen Punkte, welche er für wesentlich im Sinne der Beklagten hielt, Aufschluss zu verlangen, lasse sich nicht aufrecht erhalten. Denn für die hierbei aufgestellte Voraussetzung, dass diese Eigenschaft der betreffenden Punkte nicht allgemein kenntlich war, mangele es dem Vorstehenden zufolge an einer genügenden Begründung und ausserdem komme es nur darauf an, ob es der Klägerin erkennbar war, dass auch die Kenntnis des älteren von ihr erlittenen Brandschadens möglicher Weise für den Entschluss der Beklagten, auf den Vertrag einzugehen, erheblich sein werde.[13]) Ausserdem handle es sich hier um Thatsachen, hinsichtlich deren die Beklagte und ihr Agent zunächst auf die ihr von der Klägerin zu erteilende Auskunft angewiesen waren, und das Berufungsgericht verkenne die Stellung der Agenten, wenn es dieselben für verpflichtet erachte, die Versicherungsnehmer in Betreff solcher Punkte, auf welche sich die in dem diesen vorgelegten Antragsformulare enthaltenen Fragen direct und ausdrücklich beziehen, auch noch besonders zu befragen. Auch sei nicht erwogen, ob nicht daraus, dass Klägerin nur den einen von ihr erlittenen kleinen Brandschaden dem Agenten mitteilte, von diesem entnommen werden dürfte, dass Klägerin anderweitigen Brandschaden noch nicht erlitten habe, wenn sie ihm davon (wie das Berufungsgericht annimmt) keine Mitteilung machte. Wollte die Klägerin die Ausfüllung des von ihr vorgelegten Antrages dem Agenten überlassen, so wäre es ihre Sache, ihm auch alle diejenigen Umstände gewissenhaft anzugeben, durch welche ihm eine richtige Antwort auf die in dem Antrage enthaltenen Fragen ermöglicht wurde. Das angefochtene Urteil wäre hiernach aufzuheben und die Sache zur anderweitigen Verhandlung und Entscheidung an das Berufungsgericht zurückzuverweisen, wobei mit Rücksicht auf die an-

---

13) Für die hier in Betracht kommende Declarationsfrage sind zwei Entscheidungen erwähnenswert. Entsch. des R.-O.-H.-G. 16. 3. 75, XVII. 6. 23: „Bei Beantragung einer Feuerversicherung ist die Beantwortung der Frage in einem Declarationsbogen, ‚ob der Versicherte früher bereits Brandschaden erlitten habe und ob er Schadensersatz, wieviel und von welcher Anstalt erhalten habe,' wenn dieselbe dahin geht, dass nur einmal ein Brandschaden stattgehabt habe, während in Wirklichkeit, wenn auch eine längere Reihe von Jahren zurück, noch andere Brandschäden den Versicherten betroffen hatten, eine erheblich unvollständige und unrichtige und macht die Versicherung für den Versicherer unverbindlich." Dagegen die Entsch. des R.-G. 21. 2. 83, IX. 64, 212: „Wenn nach den Policebestimmungen, bei Vermeidung des Verlustes des Entschädigungsanspruches der Versicherungsnehmer jeden auf die Feuergefährlichkeit wirkenden Umstand anzugeben sich verpflichtet, so ist unter letzteren jedoch nicht der Umstand, dass der Versicherte früher bereits einen Brandschaden erlitten habe, zu rechnen, da diese Thatsache an sich für die neue Versicherung bedeutungslos ist und hieraus nicht entfernt ein Schluss auf die Vergrösserung der Feuergefährlichkeit gezogen werden kann." Und weiter in demselben Urteil: „Gegenüber den Bestimmungen des L. R. § 2024 II. 8. ist nicht als präjudicirendes ‚Verschweigen' anzusehen, wenn auf die ausdrücklich gestellte Frage, ob bei dem Versicherten bereits früher ein Brandschaden vorgekommen sei, eine Antwort überhaupt nicht stattgefunden und der Versicherer trotzdem, ohne Aufklärung hierüber zu erlangen, die Versicherung acceptirt hat."

gedeuteten Gesichtspunkte zunächst anderweitig zu prüfen sein würde, ob es der Klägerin im Sinne des § 4 der Policebedingungen sowie der §§ 2024 und 2066 II. 8 des L.-R. zum Verschulden gereiche, wenn sie auch dem Agenten bei ihrer Verhandlung mit demselben ihren im Jahre 1880 erlittenen Brandschaden und dessen Vergütung durch die Versicherungs-Gesellschaft nicht angezeigt haben sollte, während für den Fall der Bejahung dieser Frage noch die von den Parteien darüber, ob Klägerin jene Mitteilung dem Agenten gemacht, in der Berufungsinstanz angebotenen Beweise in Frage kommen würden. Sollte eine desfallsige Beweiserhebung zu Gunsten der Klägerin ausfallen, so würde die Annahme des Berufungsgerichts, dass die Beklagte, soweit der Agent von den hier fraglichen Umständen unterrichtet war, sich auf die unrichtigen Antworten in dem schriftlichen Versicherungsantrage nicht berufen könne, zu billigen sein. Denn, dass die den Antrag aufnehmende Person ein bei ihr beschäftigter Agent sei, habe die Beklagte, wie Klägerin deren Bestreiten in zweiter Instanz gegenüber zutreffend geltend gemacht habe, in erster Instanz ausdrücklich zugestanden, und gerade der von der Beklagten betonte Umstand, dass der Agent nicht unmittelbar von ihr angestellt, sondern Handlungsgehülfe des beklagtischen Generalagenten war, welcher ausweise der Police Namens der Beklagten den Versicherungsvertrag abgeschlossen habe und hierzu einstweilig von der Beklagten legitimirt wäre, rechtfertige die Annahme, dass der Agent im vorliegenden Falle nicht blosser Bote, sondern als Organ der Beklagten anzusehen sei, dessen Unternehmung und Wissenschaft die Beklagte gegen sich gelten lassen müsse.

Zwei noch ungedruckte Urteile des R.-G., III. C. S. vom 2. 12. und vom 12. 12. 1890 beweisen, dass dasselbe von seiner irrtümlichen Auffassung nicht abgegangen ist. „Mit Unrecht", heisst es in den Entscheidungsgründen des letzteren, in welchen die Rechtsgrundsätze des ersteren wiederkehren, „rügt auch die Revision, dass die Vorentscheidung die rechtliche Stellung des Agenten verkannt und nicht erwogen habe, dass die Policen für den Versicherungsvertrag massgebend seien, und dass der Kläger, welcher sich durch Unterschrift des Versicherungsantrages dessen Inhalt angeeignet habe, auch zur selbstständigen Prüfung der in demselben enthaltenen Fragebeantwortungen verpflichtet gewesen sei, und höchstens inbetreff der allein von dem Agenten (in seiner Eigenschaft als Zimmermeister) aufgenommenen und unterzeichneten Taxe von Verantwortung frei sein könne. Der Agent der Beklagten war als solcher zu ihrer rechtlichen Vertretung nicht legitimirt, namentlich nicht, soweit es sich um die Entscheidung über Annahme oder Ablehnung eines Versicherungsantrages oder die Fortdauer des Vertrages bei veränderter Sachlage handelte. Er war in seiner Eigenschaft als Agent Angestellter der Gesellschaft zum Zwecke der Vermittlung von Versicherungsverträgen und des Verkehrs zwischen der Gesellschaft und den Versicherungsnehmern, und der von ihr in diesen Beziehungen bezeichnete Vertrauensmann, an welchen sich die Versicherungsnehmer um Rat und Auskunft für die zu stellenden Anträge und zu beschaffenden Anzeigen zu wenden hatten. Diese Stellung des Agenten kann nicht unberücksichtigt bleiben, wo in Frage steht, ob der Versicherungsnehmer von der Haftung, welche er durch Unterschrift oder Mitunterschrift des Versicherungsantrages für die Richtigkeit des Inhalts desselben an sich übernimmt, im Einzelfalle dadurch befreit wird, dass der Agent an seiner Stelle die Beantwortung der aufgestellten

Fragen übernommen und ausgeführt hat. Mit diesen Grundsätzen steht die Berufungsentscheidung in Einklang, und es fällt derselben ein Rechtsirrtum nicht zur Last, wenn sie nach der concreten Sachlage den Kläger von der gedachten Haftung freigesprochen hat. Die Beantwortung der Fragen in den Versicherungsanträgen ist von dem Agenten allein ausgeführt; er war in seiner Eigenschaft als Zimmermeister nicht nur wohl befähigt hierzu, sondern auch speciell mit den örtlichen Verhältnissen vertraut, da er einen Lohgang auf der klägerischen (abgebrannten) Mühle selbst erbaut hatte. Der Kläger durfte von ihm eine sachgemässe und vollständige Beantwortung der Fragen erwarten und hatte keinen Anlass, dem zu misstrauen, dass er hierin gewissenhaft verfahren werde, und aus diesem Grunde die Angaben nachzuprüfen." Macht anfangs die erwähnte Entscheidung den Eindruck, als ob das R.-G. sich zur Annahme einer der thatsächlichen Stellung des Agenten entsprechenden Auffassung entschlossen hat, so überzeugt sie doch bald vom Gegenteil. Das R.-G. hat nämlich nichts weiter gethan, als den früher für den Agenten gebräuchlichen Ausdruck „Organ der Gesellschaft" mit der Bezeichnung „Vertrauensmann der Gesellschaft" gewechselt, ohne dem Worte eine von der bisherigen abweichende Bedeutung zu geben. Damit ist die Sache selbst wie vordem geblieben. An sich ist freilich die neue Bezeichnung für den Agenten nicht schlecht gewählt. Nur muss unterschieden werden, von welcher Seite er, der Vermittler, in das Vertrauen gezogen wird; in vorliegendem Falle ohne Zweifel von dem Antragsteller, der dem Agenten entweder die im Antragsformulare zur Frage gestellten Umstände mitteilt oder aber, was unstreitig noch ein grösseres Vertrauen bedingt, die Beantwortung der Fragen ganz überlässt. U. E. wäre aus diesem Grunde der Ausdruck „Vertrauensmann des Versicherungsnehmers" hier der gerechtfertigtere gewesen.

Es scheint, dass der Richter, wenn er, wie aus einigen der mitgeteilten Entscheidungen hervorgeht, gerade bei der Ueberlassung der Antragsbogenausfüllung durch den Unteragenten seitens des Versicherungsnehmers jenen als „Vertreter" oder als „Organ" der Versicherungs-Gesellschaft gelten lässt, aus Rücksicht auf die Unerfahrenheit des Publicums sich zu einer milderen Handhabung des strengen Rechts hat bewegen lassen und aus der Haftbarkeit der Gesellschaft für das Verhalten ihres Agenten folgernd Verträge als rechtsverbindlich für die Gesellschaft erklärt, die nach strengem Recht nicht dafür erklärt werden dürfen. Diese Rücksichtnahme ist aber bei der mit der gegenwärtigen Ausdehnung des Versicherungsgeschäftes fortschreitenden Erkenntnis der Eigenart des Versicherungsvertrages, der sich auch die weitesten Kreise des Publicums nicht mehr verschliessen können, ganz unbillig und erscheint als ein durchaus ungerechtfertigtes Misstrauen gegen die Geschäftsführung der Gesellschaften. Die Versicherungsbedingungen und die in den Antragsformularen enthaltenen Fragen haben überall einen so klaren und ausführlichen Ausdruck erhalten, dass für den Versicherungsnehmer Gründe der Unwissenheit oder Unerfahrenheit über die Pflicht, die er durch den Versicherungsvertrag übernehmen muss, die Versäumnis derselben nicht mehr entschuldigen können.

Weniger die Unerfahrenheit oder die Unbeholfenheit des Versicherungsnehmers geben indes die Veranlassung zur Nichterfüllung vertragsmässiger Obliegenheiten oder verschulden den Verstoss gegen die für den Versicherungsvertrag unentbehrliche Anzeigepflicht, deren mangelhafte Erfüllung in der Hauptsache die Rechtsstreitigkeiten herbeigeführt hat, als vielmehr die unbegreifliche Sorglosigkeit und geradezu Nachlässigkeit des Versicherungsnehmers in der Behandlung seiner Versicherungsangelegenheit. Häufig kümmert er sich um den Inhalt der Policebedingungen und sonstigen Vorschriften gar nicht und findet es bequemer, dem Agenten alles zum Abschlusse Erforderliche zu überlassen, zu dessen Ausführung er selbst verpflichtet ist, während es doch selbstverständlich ist, dass die Versicherungs-Gesellschaft nicht ihren Agenten sich über den Vertragswillen erklären lassen will, sondern den Versicherungsnehmer selbst. Nicht selten dient diese Nachlässigkeit sogar als Deckmantel für wissentliches Verschweigen oder bewusste Ungenauigkeit in der Beantwortung der in den Declarationsbogen gestellten Fragen, aus Besorgnis, dass die Angabe der unterdrückten Thatsachen die Erhöhung der Prämie oder die Ablehnung des Antrages bewirken werde. Für die daraus etwa entstehenden nachteiligen Folgen jedoch die Gesellschaft verantwortlich zu machen unter der Annahme, dass auch hier der Agent als Vertreter der Gesellschaft handele, würde nichts anderes sein, als eine Billigung mangelhafter Pflichterfüllung seitens des einen Contrahenten, welche mit der den Versicherungsantrag ganz beherrschenden bona fides nicht im Einklang steht.

§ 6.
3. Die Entgegennahme der Versicherungsanträge durch den Agenten.

Der Agent ist auch bei der Entgegennahme der Versicherungsanträge nur Vermittler zwischen dem Antragsteller und dem Versicherer. Er bereitet das Geschäft vor, schliesst es aber nicht ab. Eine sehr wichtige Folge dieser mangelnden Vollmacht des Agenten ist die, dass ihm gelegentlich der Einhändigung des Antrages mitgeteilte Erklärungen des einen Teils durch seine Zustimmung nicht Bestandteile des Versicherungsvertrages werden, wenn sie dem andern Teile nicht zur Kenntnis gegeben und durch diesen genehmigt sind.[1] Ob Verhandlungen zwischen dem Agenten und dem Versicherungsnehmer hierbei die Gesellschaft binden, dafür kommen, wie ein Erkenntnis des 5. Civilsenats des Reichsgerichts vom 19. 5. 1880[2] entschieden hat, wesentlich die Gesetze über Vollmacht in Betracht. Der § 1 der allgemeinen Versicherungsbedingungen sei dahin zu verstehen, dass der Agent nicht ermächtigt ist, neben der Declaration andere, davon abweichende Erklärungen des Versicherungsnehmers mit Verbindlichkeit für die Gesellschaft anzunehmen. Dieser Grundsatz würde durch den Angriff wegen Verletzung

---

[1] So der § 31 der V.-B. der Gesellschaft zu Gegenseitiger Hagelschäden-Vergütung in Leipzig: „Erklärungen und Zusagen, welche von einem Agenten oder Beamten der Gesellschaft neben dem schriftlichen Versicherungsvertrage einem Mitgliede der Gesellschaft oder dem Unterzeichner eines Antrages oder Versicherungsscheins gegeben werden, erlangen der Gesellschaft gegenüber nur dadurch bindende Kraft, dass sie dieser binnen acht Tagen nach Aushändigung der Police vom Unterzeichner angezeigt und von der Gesellschaft genehmigt werden."

[2] Vereinsblatt J. 1882, S. 155.

der §§ 2024—26, II. 8 u. §§ 539—42, I. 11 des L.-R., welche über die Verpflichtung zur Treue, Redlichkeit und Aufrichtigkeit handeln, nicht getroffen. Das Urteil des I. Civilsenats des R.-G. vom 23. 6. 1888³) schliesst sich jenem an. Der Kläger verlangte hier von der beklagten Gesellschaft Entschädigung für abgebrannte Weizenschober. Die Beklagte verweigerte die Zahlung, weil Kläger sich policewidrig beim Dreschen mit Torf geheizter Locomobilen bedient hatte. Auch bei Anwendung des Petzoldschen Funkenlöschapparates war jener Gebrauch an die specielle Genehmigung des Generalagenten geknüpft. Eine solche war nicht erteilt, dagegen sollte der Unteragent dem Kläger erklärt haben, dass er einer solchen Genehmigung nicht bedürfe. Der Streit dreht sich demgemäss darum, ob der Agent zur Abgabe derartiger Erklärungen ermächtigt gewesen, event. ob nicht der Irrtum des Klägers unter den obwaltenden Umständen entschuldbar sei. Diese Fragen waren von dem Oberlandesgericht zu Königsberg zu Gunsten der Beklagten entschieden und die von dem Kläger gegen diese Entscheidung eingelegte Revision ist vom R.-G. im Einklang mit der Vorentscheidung zurückgewiesen worden. Die den Ausführungen der erwähnten Entscheidungen des R.-G. zu Grunde gelegten Rechtsgrundsätze entsprechen dem notorischen Verhältnis der Unteragenten zu den Gesellschaften und den Policebedingungen.

Auch die dem Vermittler recht eigene und häufig bei dieser Gelegenheit vorkommende Aeusserung: „ich werde den Antrag besorgen", ist nicht einer Zustimmungserklärung für den Vertragsabschluss gleichzustellen, da er zu einer solchen in diesem Sinne nicht befugt ist. Es kann aus diesem Grunde jenes Versprechen selbstverständlich nur als eine Zusicherung prompter Weiterbeförderung des angenommenen Antrages an die Direction Geltung haben.

Dasselbe gilt auch von der Ablehnung der Anträge durch den Unteragenten. Die Befugnis, Anträge abzulehnen, ist vielfach in der Annahme der stellvertretenden Eigenschaft des Unteragenten dahin irrtümlich aufgefasst, als ob derselbe berechtigt wäre, über die Versicherungsfähigkeit des durch den Antrag der Gesellschaft angebotenen Risicos eine Entscheidung zu treffen. Dieses Recht steht ihm schlechtweg niemals zu, sondern nur den mit dem Abschluss von Versicherungen betrauten Personen der Versicherungs-Gesellschaft. Unter der Befugnis der Ablehnung von Anträgen ist vielmehr allein das jedem Vermittler als solchem zustehende Recht zu verstehen, der Gegenpartei die Annahme der Antragsofferte zu empfehlen oder zu widerrathen. Der Unteragent überlässt damit die Entscheidung über Annahme oder Ablehnung stets der Versicherungs-Gesellschaft und kann auch weiter nichts thun, als jener diese Entscheidung anheimgeben, da er in Ermangelung der technischen Kenntnisse niemals im Stande ist, das angebotene Risico technisch zu prüfen. Der Unteragent wird überhaupt, wie es sich aus der Natur seines Vermittlergeschäftes ergiebt, von vornherein sich nicht mit der Vermittelung von solchen Geschäften befassen, von denen er annehmen kann, dass bei seiner Gesellschaft wenig Neigung für dieselben vorhanden ist und somit auch natürlich seine Vermittelungsgebühr in Frage steht. Welcher Art Geschäfte Annahme bei der Gesellschaft finden, darüber belehrt ihn wieder die Geschäftslehre, die sog. Instruction. In dieser wird dem

---

3) Vereinsblatt J. 1889, S. 130.

Agenten zunächst angegeben, auf welche Versicherungen er seine besondere Aufmerksamkeit zu richten hat. Es wird ihm hier eine Grenze in der Auswahl von Versicherungsobjecten gezogen, durch welche die wünschenswerten von den weniger beliebten Risiken, bei der Lebensversicherung beispielsweise unter Berücksichtigung des Alters und des Berufes der zu versichernden Person und bei der Feuerversicherung nach der Beschaffenheit des baulichen Zustandes und der Art der Benutzung eines Versicherungslocals, gesondert werden. Da jede Versicherung normale Verhältnisse voraussetzt, wird dem Agenten empfohlen, jedes Risico in objectiver und subjectiver Beziehung sorgfältig zu prüfen und die Vermittelung da abzulehnen, wo die Vorbedingungen des Vertrages nicht vorhanden sind. Die Versicherungs-Gesellschaften legen hier ein besonderes Gewicht darauf, dass sich diese Prüfung des Agenten eingehend auf die Person, die Verhältnisse und das Interesse an dem Versicherungsobject des Versicherungsnehmers zu erstrecken habe. Da die Person des Versicherungsnehmers gegen die übernommene Gefahr die grösste Sicherheit bietet, ist es für den Versicherer namentlich von grossem Wert zu wissen, ob der Antragsteller sich eines guten Rufes erfreut, eine ehrenhafte Gesinnung und einen der beantragten Versicherungssumme entsprechenden Wohlstand besitzt, ob keine Störung der Vermögensverhältnisse oder Unordnung in seinem Geschäftsleben vorliegt u. s. w. Die Beantwortung dieser Fragen ergiebt die sogenannten vertraulichen Mitteilungen des Agenten, zu deren Abgabe er bei Einsendung der Versicherungsanträge der Instruction gemäss verpflichtet ist. Es wird dem Agenten seine Vermittelungsthätigkeit als eine vergebliche und erfolglose bezeichnet, die Versicherungsanträge werden für unannehmbar erklärt, wenn die vertraulichen Mitteilungen des Agenten in diesen Beziehungen zu Bedenken Anlass geben können. Die Instruction will hiernach dem Agenten eine Richtschnur bei der Auswahl von Versicherungen geben und verfolgt auch den Zweck, einer gewissenlos betriebenen, nur auf die Erzielung möglichst grosser Provisionen gerichteten Acquisition von Versicherungen durch den Agenten vorzubeugen.

Wenn nun Gesuche um Beförderung eines Antrages an den Unteragenten herantreten, denen derselbe nach der ihm gegebenen Instruction nicht entsprechen kann oder will, so ist der Unteragent verpflichtet, die Antragseinsendung an die Gesellschaft ganz bestimmt abzulehnen, so dass kein Zweifel darüber besteht. Ein Gesuch um Entgegennahme des Antrags etwa einfach dadurch zu beantworten, er würde dieselbe gelegentlich bewirken, in dem Gedanken, es würde dem Antragsteller nach einer gewissen Zeit schon klar werden, dass er die Entgegennahme vermeiden wolle, ist entschieden pflichtwidrig. Es ist dabei zu bedenken, dass schon allein die moralische Verantwortlichkeit des Agenten hier eine grosse ist, denn der Antragsteller würde vielleicht anderswo noch haben Versicherung finden können, ganz abgesehen davon, dass der Antragsteller, sobald ihn in dieser Zeit ein Schaden getroffen hat, den Unteragenten persönlich für den entstandenen Schaden haftbar machen kann. Da sich der Agent nach der Natur seines Geschäftes zu derartigen Aufträgen anzubieten hat, so gilt dem Versicherungsnehmer das Unterlassen sofortiger Ablehnung dieses Auftrages als stillschweigende Annahme desselben. (H.-G.-B. Art. 323).

Durch die Entgegennahme des Versicherungsantrages von dem Versicherungsnehmenden ist der Unteragent zur sofortigen Weiterbeförderung desselben an die Gesellschaft verpflichtet. Der Agent haftet hier wegen verschuldeter Verzögerung, sofern dieselbe nicht etwa als eine durch ihn nicht abzuwendende erscheint, dem Versicherungsnehmer persönlich, da die Besorgung dieses Geschäftes einen wesentlichen Teil seines mit selbst zu übernehmender Verantwortlichkeit betriebenen Vermittelungsgeschäftes bildet. Die Gesellschaft nimmt aus diesem Vorgange dem Antragsteller gegenüber in keiner Weise irgend welche Verbindlichkeit auf sich, weil der Versicherungsantrag nichts weiter als eine Vertragsofferte bedeutet, die der Agent für den Antragsteller vermittelt.

Das R.-G. hat sich, freilich erst nach langer Zeit, endlich auch zu dieser Auffassung bekannt, die allein dem Character der Agententhätigkeit entspricht. Die bezügliche Entscheidung ist vom 9. 6. 1888[4]). Die Parteien streiten sich im vorliegenden Falle darüber, ob der Beklagte als Specialagent derjenigen Feuerversicherungs-Gesellschaft, bei welcher Kläger die Versicherung seiner Gebäude durch die Vermittelung des beklagten Agenten nachgesucht hat, dem Kläger für den ihn betroffenen Brandschaden aufzukommen hat, der durch die nachgesuchte Versicherung nicht gedeckt wurde, weil zur Zeit des Schadens die Versicherung noch nicht zum Abschluss gebracht war. Das R.-G. erkennt die Stellung des Agenten ganz richtig in den nachstehenden Sätzen: „Mit Recht", heisst es, „geht der Berufungsrichter davon aus, dass Beklagter sich in der hier fraglichen Zeit als ständiger Agent der Gesellschaft gerirt hat und demgemäss als Kaufmann im Sinne des H.-G.-B. anzusehen ist. Ebenso ist ihm darin beizutreten, dass Beklagter, indem er in seiner Eigenschaft als Agent der Versicherungsantrag des Klägers übernahm, in ein Auftragsverhältnis zum Kläger getreten ist. Vermöge desselben war Beklagter verpflichtet, den Antrag des Klägers geschäftsmässig zu behandeln. Dazu gehörte insbesondere die Einziehung der dem Beklagten instructionsmässig obliegenden Erkundigungen und, sofern sich hierbei nicht von vornherein nicht zu beseitigende Anstände ergaben, wovon Kläger zu benachrichtigen gewesen wäre, die Uebersendung des Antrages, sobald derselbe zur Absendung reif war, an die zum Abschluss der Versicherung befugte Stelle. Es liegt in der Natur des dem Beklagten übertragenen Geschäftes, dass er die Ausführung desselben mit thunlichster Beschleunigung zu betreiben und für die Vermeidung jedes unnöthigen Aufschubes Sorge zu tragen hatte. Er haftet in dieser Hinsicht für die Sorgfalt eines ordentlichen Kaufmanns. (H.-G.-B. Art. 282)."

§ 7.

4. Die Ausgabe der Police durch den Agenten.

Wenn die Direction der Versicherungs-Gesellschaft oder ein anderes, sie vertretendes und zum Abschluss berechtigtes Organ die beantragte Versicherung ohne oder mit Hinzufügung von Bedingungen angenommen oder abgelehnt hat, so erhält der Agent durch die betreffende Generalagentur

---

[4]) Vereinsblatt J. 1890, S. 34. Vergl. Entsch. d. R.-O.-H.-G. vom 13. 7. 72 (V. 27, 113), in welcher ausgesprochen ist, dass der Agent bei Uebermittelung von Versicherungsverträgen neben seiner Stellung als Vertreter der Gesellschaft auch als Beauftragter des Versicherungsnehmers fungiren kann.

eine Anzeige über den Entschluss der Gesellschaft. Im Fall der Annahme wird ihm in der Binnenversicherung im Gegensatz zu der Seeversicherung, für welche der Art. 788 des H.-G.-B. gilt,[1]) in der Regel zugleich auch die ausgefertigte Police mit dem Auftrage übersandt, ohne Verzug die Person, welche den Abschluss der Versicherung beantragt hat, von dem Eingange der Police zu benachrichtigen und sie zur Einlösung der Police durch die Prämienzahlung aufzufordern. Die Ausführung dieses Auftrages fällt gleichfalls in den Umfang der Vermittelungsthätigkeit des Agenten. Aus der Uebernahme dieses Auftrages haftet jener persönlich beiden Contrahenten für etwaige Nachteile, die in Folge seines Verschuldens entstanden sind. In diesem Sinne ist ein Urteil des Handelsgerichts zu Diekirch ergangen.[2]) Ein Agent hatte den Antragsteller von der Ablehnung eines von ihm gestellten Antrages nicht in Kenntnis gesetzt und dadurch den Versicherungsnehmer behindert, die Versicherung bei einer anderen Gesellschaft zu bewirken. In dieser Zeit war ein Brand ausgebrochen, der das Versicherungsobject ebenfalls betroffen hatte. Das Urteil betrachtete es als eine Folge der Handlungsweise des Agenten, wenn nicht seiner Fahrlässigkeit, dass das untergegangene Object unversichert geblieben war, sprach die Versicherungsgesellschaft jeglicher Verantwortung frei und verpflichtete den Agenten zum Schadensersatz.

Von grosser Wichtigkeit ist ferner die Frage nach der Bedeutung der Police für die Parteien des Versicherungsvertrages zu der Zeit, wo sich dieselbe noch in den Händen des Unteragenten befindet. Bekanntlich wird beim Versicherungsvertrage der Abschluss und der Eintritt der Versicherung unterschieden.[3]) Die Versicherung gilt als abgeschlossen, sobald

---

[1]) Vergl. Entsch. R.-O.-H.-G. vom 13. 12. 72, VIII, 57, 233.
[2]) Malss Zeitschr. B. 1, S. 149.
[3]) „Die Versicherungsurkunde (Police, Prolongationsschein, Anhang, Veränderungsschein) wird dem Antragsteller bei dem Agenten zur Verfügung gestellt. Die Verpflichtung der Anstalt beginnt mit der Einlösung der Versicherungsurkunde, wenn nicht entweder ein späterer Zeitpunkt in der Urkunde selbst bestimmt oder ein früherer Zeitpunkt vor Aushändigung derselben durch das zu ihrer Ausstellung berechtigte Anstaltsorgan schriftlich zugesagt ist. Die Einlösung der Urkunde wird durch Zahlung der Prämie und Nebenkosten bewirkt. Durch Annahme der Versicherungsurkunde wird das Einverständnis des Versicherten mit dem gesammten Inhalte derselben, insbesondere mit der darin bestimmten Prämie und Dauer der Versicherung constatirt. Die Verpflichtung der Anstalt gegen den Versicherten bestimmt sich lediglich nach dem Inhalte der Versicherungsurkunde."
(Feuerversicherung.)

„Die Gültigkeit der Versicherung ist davon abhängig, dass der Versicherungsnehmer vor Aushändigung der Police die erste Prämie nebst den berechneten Kosten innerhalb der festgesetzten Frist vollständig bezahlt hat, und weiter davon, dass der Versicherte zu dem Zeitpunkte, an welchem die erste Prämie bezahlt wurde, noch lebte und seit Ausstellung des Versicherungsantrages nicht krank oder verletzt war. War er bereits verstorben oder krank oder verletzt, so ist die Versicherung nichtig, gleichviel ob der Versicherungsnehmer von dem Tode, der Krankheit oder Verletzung Kenntnis gehabt hat oder nicht. Die etwa bereits bezahlten Prämienbeträge werden in einem solchen Falle nach Abzug der durch den Abschluss der Versicherung verursachten Kosten zurückerstattet. Die Zahlung der ersten Prämie muss, um die Gesellschaft zu verpflichten, durch eine Bescheinigung des die Police aushändigenden Beauftragten der Gesellschaft auf der Police bewiesen werden."
(Lebensversicherung.)

ein Einverständnis über die wesentlichen Punkte derselben, nämlich inbetreff der Gefahr, des Gegenstandes, der Versicherungsdauer und der Prämie zwischen dem Versicherer und dem Versicherungsnehmer erzielt ist. Die Annahme der Police und die Zahlung der Prämie gehören nur zum Vollzuge des Versicherungsvertrages, auf welche der Versicherer ein erzwingbares Recht hat.[4] Die Police bildet hier in der Art die Ergänzung des Antrages zu der Urkunde über den Versicherungsvertrag, dass sich die beiden Parteien in diese teilen, indem der Versicherer alle Erklärungen des Versicherungsnehmers, der Versicherungsnehmer dagegen alle Erklärungen des Versicherers in die Hand bekommt. Der Eintritt der Versicherung aber beginnt, wenn nichts anderes verabredet ist, erst mit der Zahlung der Prämie. Die in dem Versicherungsvertrage übliche Clausel: „Die Versicherung wird erst durch die gehörig geleistete Prämie gültig", ist also nichts weiter als eine Suspensivbedingung, nicht etwa für den Vertrag selbst, sondern nur für die Leistung des Versicherers.[5] An dieser Stelle kommt weniger der Eintritt der Versicherung in Betracht, da der-

„Die Verpflichtung der Gesellschaft gegen den Versicherten bestimmt sich lediglich nach dem Inhalt der Police resp. des Prolongationsscheins und der etwa dazu gehörenden Nachträge. Durch Annahme der Versicherungsurkunden gilt das Einverständniss des Versicherten mit dem gesammten Inhalt derselben, insbesondere mit der darin bestimmten Prämie und Dauer der Versicherung als erwiesen. Die Verpflichtung der Gesellschaft zum Schadenersatz beginnt mit der Einlösung der Versicherungsurkunde." (Glasversicherung.)

„Auf Grund des Antrages wird eine Police ausgefertigt, bei deren Auslegung lediglich ihr und des Statuts Inhalt entscheidet. Die Entschädigungspflicht der Gesellschaft beginnt, sobald das versicherte Mitglied die für dasselbe ausgefertigte Police gegen Zahlung der berechneten Beiträge abgenommen hat, mit dem (vierzehnten) Tage Mittags 12 Uhr nach Abnahme der Police Seitens des Versicherten, den Tag der Abnahme nicht mitgerechnet." (Viehversicherung.)

(Eine Frist — die sogenannte Quarantaine — für den Beginn der Versicherung wird hier deshalb festgesetzt, weil man damit verhüten will, dass nicht schon bei der Versicherung kranke Thiere zur Entschädigung gelangen.)

„Die Verpflichtung der Gesellschaft beginnt, sofern die Prämie bezahlt ist, am nächstfolgenden Tage Mittags 12 Uhr, nachdem der nach Vorschrift der Versicherungsbedingungen ausgefertigte und von dem Antragenden vollzogene Versicherungsantrag bei der Generalagentur eingetragen ist. Der Vermerk der letzteren liefert den vollen Beweis über die Zeit des Einganges, vorbehaltlich des dem Versicherten zustehenden Gegenbeweises. Finden sich jedoch in dem eingereichten Versicherungsantrage Mängel zu beseitigen, so tritt die Versicherung für die bemängelten Positionen erst mit der Aushändigung des von der Generalagentur ausgestellten Versicherungsdocuments in Kraft, vorausgesetzt, dass die Prämienzahlung geleistet ist." (Hagelversicherung.)

(Diese Abweichung bei der Hagelversicherung von den bezüglichen Bestimmungen der anderen Versicherungsbranchen hat darin ihren Grund, dass das im Antrage angebotene Risico an sich nicht so variabel ist und deshalb der Versicherungsantrag auch nicht den möglichen Veränderungen, die derselbe durch die Gesellschaft Zwecks Annahme erleiden muss, unterworfen sein kann, wie in den übrigen Branchen der Binnenversicherung. Auch ist hier darauf aufmerksam zu machen, dass im Gegensatz zu den übrigen Versicherungsbranchen die Prämie mit der Einsendung des Antrages gezahlt werden kann, wodurch der Antragsteller schon von vornherein sein Einverständnis mit der Versicherung kundgiebt.)

4) Vergl. Entsch. R.-O.-H.-G. vom 4. 4. 73, IX. 108, 380.
5) Vergl. Entsch. R.-O.-H.-G. 13. 12. 72 (Note 1).

selbe häufig von Vereinbarungen abhängig gemacht sein kann, welche die Regel ausschliessen, sondern vielmehr der Abschluss der Versicherung. Bei dem letzteren ist die Art und Weise seines Zustandekommens für unsere Frage sehr wesentlich. Wird dem Inhalte des Antrages gemäss die Versicherungsofferte des Versicherungsnehmers von dem Versicherer angenommen, so gilt der Vertrag in dem Augenblick als abgeschlossen, in welchem der Versicherer seine Annahme erklärt hat. Die Police, welche antragsgemäss ausgefertigt und für den Versicherungsnehmer etwa bei dem Agenten zur Einlösung bereit liegt, bildet dann nur die äussere Form der Annahmeerklärung des Versicherers auf die Versicherungsofferte des Versicherungsnehmers, welche, wie bemerkt, zusammen mit dem Antrage die Bedeutung der Vertragsurkunde erhält. Einen anderen Character aber hat die dem Agenten von der Gesellschaft übersandte Police, wenn der Fall eintritt, dass der Versicherer die Versicherung nach Prüfung des angebotenen Risico nicht dem Antrage gemäss übernehmen kann und daher andere Modalitäten in der Police, falls nicht darüber Verhandlungen schon vorher stattgefunden haben, in Vorschlag bringen muss. So kann z. B. bei der Lebensversicherung eine dem Antrage zuwiderlaufende Aenderung der Normalprämie vorgenommen werden, oder es wird sogar die Wahl einer anderen Versicherungsart für ratsam erachtet. Bei der Feuerversicherung kann die Natur des Risico die Erhöhung der Prämie oder die Hinzufügung von sog. Clauseln notwendig machen, u. s. f. Da hierbei von einer übereinstimmenden Willensäusserung der Paciscenten über die Bedingungen der Versicherung selbstverständlich keine Rede sein kann, so hat in dem vorliegenden Falle die bei dem Agenten liegende Police nur die Eigenschaft einer Gegenofferte des Versicherers. Hierbei findet auch in der Versicherung der Art. 322 H.-G.-B.: „Eine Annahme unter Bedingungen oder Einschränkungen gilt als Ablehnung des Antrages, verbunden mit einem neuen Antrage", seine Anwendung. Für diese Gegenofferte ist erst die Annahmeerklärung des Versicherungsnehmers erforderlich, wenn sie die Wirkung einer Versicherungsurkunde erhalten soll. Das Einverständnis mit derselben wird von dem Versicherungsnehmer entweder durch die ausdrückliche (förmliche Erklärung) oder durch die stillschweigende Annahme (Zahlung der Prämie, Duldung des Anheftens von Versicherungsschildern der Gesellschaft, auch längeres Behalten der Police kann möglicherweise als Annahmeerklärung aufzufassen sein)[6] erklärt. So lange aber die Annahmeerklärung durch den Versicherungsnehmer noch nicht erfolgt ist, hat auch ein Abschluss des Vertrages nicht stattgefunden. Verweigert der Versicherungsnehmer die Annahme der Police als Gegenofferte der Gesellschaft, so hat der Agent dieselbe mit einem Bericht der Generalagentur oder der Direction zurückzusenden. Der Agent selbst darf und kann weder Aenderungen in der Police vornehmen, noch dem Antragsteller irgend eine schriftliche oder mündliche Erklärung abgeben, die mit dem Inhalt der Police in Widerspruch steht.[7]

Aus dem Mangel einer bezüglichen Vollmacht ergiebt sich, dass die Stellung des Agenten bei der Uebermittelung der von dem Versicherer an den Versicherungsnehmer oder der von dem Versicherungsnehmer über die Gegenofferte des Versicherers an diesen abgegebenen

---

[6] Vergl. Entsch. R.-O.-H.-G. vom 23. 1. 72, V. 2, 20.
[7] Vergl. Entsch. des R.-O.-H.-G. in Note 4. h. l.

Annahmeerklärung nur die eines Boten ist, welcher den Willen seines Auftraggebers überbringt. Mit Rücksicht auf diese Eigenschaft des Agenten hat die Bekanntgebung einer solchen Erklärung durch dessen Person für die Bestimmung des Zeitpunktes des Versicherungsabschlusses gar keine Bedeutung. Denn als Zeitpunkt für denselben gilt gewöhnlich derjenige, in welchem im Falle der bedingungslosen Annahme des Versicherungsantrages durch den Versicherer die Erklärung an den Versicherungsnehmer und im Falle der Annahme einer Gegenofferte durch den Versicherungsnehmer eine solche an den Versicherer abgesandt ist, wobei die Form (Police, gewöhnliche Benachrichtigung) und auch die Art der Uebermittelung (Brief, Depesche, Bote, Agent) ganz gleichgültig ist. Die Person des Agenten selbst kommt nur in den Fällen hier in Betracht, wo dem Agenten die Vollmacht ertheilt ist, in Stellvertretung des Versicherers oder des Versicherungsnehmers die Erklärung des Einverständnisses mit dem Abschluss der Versicherung abzugeben. Solche Fälle treten aber zu selten ein, als dass hierbei die Art der Stellung des Agenten eine solche Berücksichtigung finden sollte, wie sie das R.-O.-H.-G. in seinem vorerwähnten Urteile[8]) und Lewis[9]) für erforderlich halten.

Bezüglich der oben bereits gedachten Verpflichtung des Agenten zur rechtzeitigen Rücksendung der uneingelösten Policen ist schliesslich noch zu erwähnen, dass dessen Haftung für dieselben eine bleibende ist. Diese Verpflichtung ist keine Bürgschaft für Dritte, kein Eintreten in eine fremde Obligation, sondern eine eigene selbstständige Verpflichtung unter gewissen Voraussetzungen, nämlich bei Nichtleistung vertragsmässiger Diligenz.[10])

§ 8.

5. Die Prämienzahlung an den Agenten.

Das Aequivalent für die übernommene Gefahr bildet die Prämie. Weitaus die meisten Versicherungs-Gesellschaften haben in ihren Reglements eine Bestimmung getroffen, nach welcher die Aushändigung des Versicherungsdocumentes erst erfolgen kann, wenn die erste Prämie und die berechneten Nebenkosten vollständig bezahlt sind, so dass das Versicherungsdocument als Beleg für die geleistete Prämienzahlung dient, während an Stelle dessen bei mehrjährigen Versicherungen die Prämienquittung[1]) tritt.

Bei der Lebensversicherung muss als Nachweis der geleisteten Zahlung der ersten Prämie eine Bescheinigung durch den die Police aushändigenden

---

8) in Note 1 dieses §.
9) a. a. O. S. 162 Anm. 1.
10) Entsch. des R.-O.-H.-G. vom 15. 12. 77, XXIII. 52, 149. siehe auch S. 59.
1) Die Bedeutung einer solchen erklärt die Entsch. des R.-O.-H.-G. 30. 6. 71, III. 14, 79: „Die mit dem Geschäftsstempel versehene Prämienquittung (Verlängerungsschein) ist nur eine Anerkennung, dass dem Fortbestand des Versicherungsvertrages bis zum Ablauf eines bestimmten Zeitpunktes nicht die Einrede der Erlöschung der Police mangels der vom Versicherungsnehmer periodisch zu leistenden Prämien entgegensteht, kann aber nicht in dem Sinne verstanden werden, dass die Versicherungs-Gesellschaft unter Verzicht auf alle Einwände zu dem ursprünglichen Versicherungsvertrage sich schlechthin zur Zahlung der Versicherungssumme verpflichten wolle."

Agenten auf der Police selbst bewirkt werden.¹) Zur Einlösung der Lebensversicherungs-Police und der Prämienquittungen jeglicher Art von Versicherungen ist dem Versicherungsnehmer eine mehr oder minder lange Frist gestellt.

Während der Agent bisher im Verfolg der einzelnen Phasen der Versicherung von ihrem Antrage bis zu ihrem Abschluss in seiner Thätigkeit nur Vermittler ist, tritt derselbe uns bei der Empfangnahme der Prämiengelder als Bevollmächtigter, und zwar als Incassomandatar der Versicherungs-Gesellschaft entgegen, dessen Hauptverbindlichkeit darin besteht, die Einkassirung der Prämiengelder in der Art und dem Umfange zur Ausführung zu bringen, wie es nach seiner Instruction und den für den Versicherungsnehmer bestimmten Bedingungen von der Versicherungs-Gesellschaft festgesetzt ist. An sich zwar, wenn nichts anderes vereinbart ist, hat der Versicherungsnehmer aus dem Grunde, dass er den Vertrag allein mit der Gesellschaft geschlossen hat, die Verpflichtung, sich von seiner Leistung durch Einsendung der Prämie an die Direction der Versicherungs-Gesellschaft selbst zu liberiren. Behufs Erleichterung dieser Liberirung aber haben die Versicherungs-Gesellschaften ihre Vermittler mit einer derartigen Vollmacht ausgestattet, dass der Versicherungsnehmer mit rechtlicher Wirkung für die Gesellschaft dem Agenten die Prämie einzuhändigen bezw. die Zahlung derselben anzubieten befugt ist. Es bedarf keiner weiteren Ausführung, dass die Gesellschaft hier, wie auch bei anderen die Verwaltung der Versicherungen betreffenden Handlungen, bei der grossen Zahl der durch das Versicherungsgeschäft benöthigten Agenten eine einheitliche Regelung dieser Vollmacht mit bestimmten Grenzen eintreten lassen musste, so dass die Annahme einer allgemeinen und nach Umständen in ihren Befugnissen dehnbaren Bevollmächtigung ausgeschlossen ist. Der Zweck, den die Versicherungs-Gesellschaft mit der bestimmten Gestaltung dieser Vollmacht verfolgt, ist einleuchtend. Sie will eben nur soweit aus den Handlungen des Agenten dem Dritten gegenüber rechtlich verbunden sein, als sie sich innerhalb der durch die Instruction gezogenen Grenzen bewegen. Der Agent ist, wie aus den Bestimmungen der uns vorliegenden Instructionen zu entnehmen ist, nicht befugt, den Versicherungsbedingungen zuwiderlaufende Zusagen zu ertheilen, noch Zahlungsfristen oder bei deren Vorhandensein eine Verlängerung derselben eigenmächtig zu bewilligen. Es ist ihm verboten, Zahlungen nach Ablauf der Fristen zu gestatten und dieselben anzunehmen, ohne im Besitz der von der Direction oder von einem dazu berechtigten Organ derselben ausgestellten Prämienquittungen zu sein, wie andererseits der Versicherungsnehmer nur gegen Aushändigung von Police und Prämienquittung die Prämie zu entrichten braucht.²)

---

¹) „Ueber jede Prämienzahlung wird eine Prämienrechnung ertheilt. Die Zahlung der Prämie ist rechtsgültig nur erfolgt, wenn sie durch den Versicherungsnehmer oder dessen legitimirten Rechtsnachfolger gegen eine von der Direction ausgestellte und durch Unterschrift oder Facsimile vollzogene Prämienrechnung, welche bei der ersten Prämienzahlung auf die Police sich befindet, innerhalb der festgesetzten Frist geleistet wurde, die zuletzt vorher fällig gewesene Prämie rechtzeitig bezahlt war und der die fragliche Prämienrechnung aushändigende Beauftragte der Gesellschaft auf derselben quittirend bescheinigt hat, an welchem Tage und durch wen die Zahlung der Prämie erfolgte."

²) Entsch. R.-O.-H.-G. 13. 2. 72, V. 27, 119.

Genannte Einschränkungen der Vollmacht sind dem Versicherungsnehmer in den Versicherungsbedingungen der Gesellschaften zur Kenntnis gebracht.⁴) Die Vollmacht des Agenten, Prämiengelder einzukassiren, ist, wie gesagt, als ein Incassomandat anzusehen, und dieses Mandat ist nicht ein generelles, sondern an die Hingabe einer Quittung zum Empfange des quittirten Betrages geknüpft, also in jedem Falle lediglich ein specielles,

---

⁴) „Durch Annahme der Police und Zahlung der ersten Prämie oder Prämienrate wird das Einverständnis des Versicherungsnehmers mit dem ganzen Inhalte der Police und namentlich auch mit dem Betrage der durch die Police bedungenen Prämie, sowie mit den zur Anwendung gebrachten Grundlagen für die Berechnung dieser Prämie und mit der bedungenen Zahlungsweise der Prämie festgestellt. Verabredungen über Aenderungen oder Modificationen der in der gegenwärtigen Police getroffenen Bestimmungen verpflichten die Gesellschaft gegenüber dem Versicherten, dem Versicherungsnehmer oder den aus der Versicherung Ansprüche erhebenden Personen nur, nachdem sie von der Direction der Gesellschaft genehmigt und durch Vermerk auf der Police anerkannt sind. Wird die Zahlung einer Prämie im Widerspruche mit den vorstehend getroffenen Bestimmungen oder nach Ablauf der festgesetzten Frist von einem Agenten oder sonstigen Beauftragten der Gesellschaft angenommen, so erlangt diese Zahlung der Gesellschaft gegenüber nur dann rechtliche Geltung, wenn die Direction ihre Genehmigung der Zahlung dem Versicherungsnehmer ausdrücklich schriftlich angezeigt hat.

„Die Zahlung der Prämie ist kostenfrei zu leisten an denjenigen Agenten der Gesellschaft, welchen dieselbe mit der Annahme der Zahlung beauftragen wird, oder wenn ein solcher Auftrag nicht erteilt ist, unmittelbar an die Direction. Nur derjenige Agent ist als mit der Einziehung der Prämie beauftragt anzusehen, welcher im Besitze der von der Direction der Gesellschaft ausgestellten Prämienrechnung ist. Die Gesellschaft wird auf die Wünsche der Versicherungsnehmer rücksichtlich des Ortes der Prämienzahlung und eines die Zahlung vermittelnden Agenten bereitwillig eingehen, soweit dieselben ihr zulässig erscheinen, und wenn dieselben mindestens 14 Tage vor dem nächsten Fälligkeitstermine der Prämie schriftlich der Direction angezeigt sind. Die Gesellschaft ist nicht verpflichtet, an Entrichtung der fälligen Prämien zu mahnen oder die Prämien einziehen zu lassen, und es kann gegen die Folgen versäumter Prämienzahlung in keinem Falle der Einwand erhoben werden, dass die Gesellschaft in anderen Fällen oder bei früheren Fälligkeitsterminen an Entrichtung der Prämien gemahnt oder die letzteren eingezogen habe." (Lebensversicherung.)

„Die jährlich zahlbare Prämie einer mehrjährigen Versicherung ist mit Beginn jedes Versicherungsjahres an den Agenten zu entrichten. Unterbleibt die Zahlung, so ist der Versicherte auf seine Kosten zur Einlösung der Prämienquittung schriftlich aufzufordern. Erfolgt alsdann die Zahlung nicht innerhalb zweier Wochen nach Empfang der Aufforderung, so ruht von da ab auf die Dauer des Verzuges die Entschädigungsverpflichtung der Anstalt.

„In allen Fällen des Verzuges der Prämienzahlung ist die Anstalt berechtigt, entweder den Versicherungsvertrag durch schriftliche Mittheilung an den Versicherten aufzuheben oder die Einlösung der Versicherungsurkunde, beziehungsweise der Prämienquittung klagend zu erwirken." (Feuerversicherung.)

„Der Versicherte ist verpflichtet, die Prämie ohne Aufforderung an den betreffenden Agenten in dessen Domicil zu bezahlen. Die Gesellschaft ist nicht gehalten, dieselbe einzufordern." (Glasversicherung.)

(Die Hagel- und Viehversicherungs-Branchen haben in ihren Versicherungsbedingungen keine speciellen Normen über die Prämienzahlung an den Agenten festgesetzt, da auch bei mehrjährigen Versicherungen die Police immer nur auf ein Jahr ausgefertigt wird und demgemäss zur Fortsetzung der Versicherung stets ein neuer Antrag notwendig ist, am Fusse dessen die Police sowie die Quittung über die Prämienzahlung ausgestellt werden.)

und die Legitimation des Unteragenten zur Zahlungsempfangnahme bildet dem Publicum gegenüber die Prämienquittung.⁵)

Soweit der Agent innerhalb seines Mandates handelt, verpflichtet er dem Dritten gegenüber die Gesellschaft wegen schuldhafterweise zugefügten Schadens. In dieser Beschränkung entbehrt der Versicherer des Rechtes, sich von dem Vertrage loszusagen, wenn der Agent diejenige Handlung des Versicherungsnehmers verhindert, durch welche der Eintritt eines durch die Versicherungsbedingungen angedrohten Nachteiles abgewendet werden könnte. Hat demnach das Verhalten des Agenten die Unterlassung der rechtzeitig durch den Versicherungsnehmer angebotenen Prämienzahlung herbeigeführt, so haftet der Versicherer für die mora accipiendi seines Agenten in so weit, als der Versicherungsnehmer dadurch Schaden erlitten hat, dass er in Befolgung der Vertragsbestimmungen die Leistung dem Agenten angeboten hat.⁶) Der Agent, den hierbei das Verschulden trifft, ist, da er als Mandatar zur strengsten Sorgsamkeit verpflichtet ist, dem Versicherer als seinem Mandanten schadensersatzpflichtig. Hingegen ist die Versicherungs-Gesellschaft die den Bestimmungen des Versicherungsvertrages zuwiderlaufende Handlung des Agenten dem Dritten gegenüber anzuerkennen nicht verpflichtet, da letzterer um die vertragsmässigen Einschränkungen der Vollmacht auf Grund des Vertrages wissen und in der Verletzung dieser, auch ihm bekannten Agenturvorschriften eine Vollmachtsüberschreitung des Agenten erkennen musste. Doch wird der Versicherer nach Empfangnahme einer dem Agenten nach abgelaufener Frist gezahlten Prämie den Abschluss oder den Fortbestand des Versicherungsvertrages nicht anfechten können, wenn er sich nicht rechtzeitig über die ordnungswidrige Prämienzahlung erklärt hat.⁷)

Für die Prämienleistung ist die Frage von grosser Bedeutung, ob der Prämie die Eigenschaft einer Bring- oder Holschuld beizulegen ist. Das R.-O.-H.-G. hat diese Frage unter der Einwirkung der Ansicht, dass die Prämienabholung die notorische Praxis der meisten Versicherungs-Gesellschaften sei, in den Erkenntnissen vom 11. 3. 73 und 4. 4. 73⁸) in letzterem Sinne beantwortet. Dieser Ansicht kann jedoch in dieser Allgemeinheit nicht beigetreten werden.

Ueber die Erfüllung von Zahlungsverpflichtungen hat das H.-G.-B. in dem Art. 325 die Bestimmung getroffen, dass bei einer Geldzahlung, mit Ausnahme der Auszahlung von indossabeln oder auf den Inhaber lautenden Papieren, der Schuldner auf seine Gefahr und Kosten die Zahlung dem Gläubiger an den Ort seiner Handelsniederlassung oder in deren Ermangelung an seinen Wohnort zu übermachen verpflichtet ist, wenn nicht ein anderes aus dem Vertrage oder aus der Natur des Geschäftes oder der Absicht der Contrahenten hervorgeht.

Vor allem ist zur Klarstellung der Ortsfrage für die Prämienzahlung der Vertrag massgebend, welchem die in der Regel der Police beigedruckten allgemeinen Bedingungen zu Grunde liegen. Die hier in Betracht kommenden und von der grössten Anzahl der Versicherungs-Gesellschaften in

---

⁵) L.-R. § 130, I. 13. H.-G.-B. § 296.
⁶) Vergl. Entsch. R.-O.-H.-G. vom 10. 4. 76, XIX. 122, 418; vom 13. 2. 72, V. 27. 119; vom 13. 10. 74. XV, 16. 40 und hier cit. Entsch. R.-G. 22. 11. 79, L 71, 197.
⁷) Vergl. Entsch. R.-O.-H.-G. 4. 11. 74, XIV. 136, 434.
⁸) Entsch. R.-O.-H.-G. IX. 107, 372 und 108, 379.

ihren Policebedingungen aufgenommenen Paragraphen stellen sich aber geradezu in directen Widerspruch mit der Auffassung des R.-O.-H.-G. Sie machen es nämlich dem Versicherungsnehmer zur Pflicht, die Zahlung der Prämie kostenfrei an den Agenten oder unmittelbar an die Direction der Gesellschaft zu leisten. Die Bestimmungen der Lebensversicherungs-Police heben besonders hervor, dass die Gesellschaft nicht verpflichtet sei, an die Erfüllung der Prämien zu mahnen oder die Prämien einziehen zu lassen, und ferner, dass gegen die Folgen versäumter Prämienzahlung in keinem Falle der Einwand erhoben werden dürfe, dass die Gesellschaft in anderen Fällen oder bei früheren Fälligkeitsterminen an die Entrichtung der Prämien gemahnt oder die letztere eingezogen habe. Hat nun der Versicherungsnehmer sich mit der in der Police bedingenen Zahlungsweise der Prämie einverstanden erklärt, eine Zustimmung, die nach § 1 der allgemeinen Versicherungsbedingungen durch die Annahme der Police und Zahlung der ersten Prämie der Versicherungs-Gesellschaft als abgegeben gilt, so unterliegt es keinem Zweifel, dass dem Versicherungsnehmer nicht gestattet sein kann, einseitig von dieser Vereinbarung abzugehen. In einzelnen Fällen hat sich nun im Verkehr zwischen dem Agenten und dem Versicherungsnehmer die gegenteilige Uebung gebildet, wodurch irrtümlicher Weise die Ansicht allgemein Platz gegriffen hat — und unter dem Einflusse dieser stehen auch die erwähnten Entscheidungen des R.-O.-H.-G. —, dass diese Uebung aus der Praxis der Versicherungs-Gesellschaften hervorgegangen und nunmehr der Einwand gestattet sei, dass durch diese Uebung die Versicherungsnehmer der Pflicht, die Prämie zu bringen, enthoben seien. Diese Ansicht entspricht jedoch nicht der thatsächlichen Geschäftsübung der Versicherungs-Gesellschaften. Die Versicherungs-Gesellschaft hat, wie dargethan ist, auf Grund der allgemeinen Versicherungsbedingungen den Agenten nur mit der Vollmacht versehen, die Prämien der Versicherungsnehmer in Empfang zu nehmen und der Gesellschaft zu übermitteln. Sobald aber die Thätigkeit des Agenten über den Rahmen des erteilten Auftrages hinausgeht, qualificirt sich dieselbe als die gerade dem Versicherungsagenten recht eigene Thätigkeit eines Vermittlers, der mit selbstständig zu übernehmender Verantwortlichkeit für die Ausführung seines Geschäftes sich dem Versicherungsnehmer zwecks Erleichterung seiner Prämienleistung zur Abholung der Prämie anbietet. Es kann hier füglich von einer Praxis der Versicherungs-Gesellschaften nicht die Rede sein, vielmehr ist es gerechtfertigter und steht auch mit der thatsächlichen Geschäftsgebahrung der Versicherungs-Gesellschaften im Einklang, die Prämienabholung als einen Ausfluss der Vermittelungsthätigkeit des Agenten anzusehen und sie als die Praxis von Versicherungsagenten zu bezeichnen. Denn in dem Interesse der letzteren liegt es, durch Gewährung von Verkehrserleichterungen zwischen der Gesellschaft und dem versicherungsnehmenden Publicum neue Versicherungen zu erwerben und bestehende zu erhalten. Auch die Concurrenz unter den Versicherungsagenten wird unter ihnen stets das Bestreben notwendig machen, ihre Vermittelungsthätigkeit den jeweiligen Bedürfnissen der Versicherungsnehmer und auch der herrschenden Usance bei den concurrirenden Versicherungsagenten, namentlich an kleinen Plätzen, anzupassen. Ein solches Verfahren bei der Prämien-Vereinnahmung kann daher nur auf Grund einer Convenienz des Agenten, welche auf den örtlichen Gebrauch oder auf persönliche Beziehungen zu dem Versicherungsnehmer zurückzuführen ist, oder auf Grund besonderer Abrede mit demselben gelegentlich beobachtet werden. Die Rechtsfolgen dieser allein zwischen dem Agenten und dem Versicherungsnehmer getroffenen Vereinbarung können aber nicht der Versicherungs-Gesellschaft zur Last gelegt werden, da derartige Verabredungen über Aenderungen oder Modificationen der in der Police festgesetzten Bestimmungen mit dem Agenten vertragsmässig auf den zwischen der Gesellschaft und der Versicherungspartei bestehenden Vertrag ohne rechtliche Wirkung bleiben. Ein Entschuldigungsgrund, der wegen des durch die Unterlassung der Prämienabholung seitens des Agenten entstandenen Verzuges für den Versicherungsnehmer erhoben und auf der Unterstellung des Agenten als Bevollmächtigten der Gesellschaft basiren würde, ist hier um so mehr ausgeschlossen, als derselbe auf Grund des Vertrages um die Vollmachtsüberschreitung des Agenten wissen musste und, wenn zufolge der reichsgerichtlichen Entscheidungen eine rigoristische und lediglich den Wortlaut beachtende Auslegung der Bestimmungen des Vertrages nicht zur Anwendung kommen soll, so ist es auf der anderen Seite wiederum unbillig, die betreffenden, den Wortlaut und dem Sinne nach ganz klaren Bestimmungen des Vertrages über die Prämienleistungen aus Nachsicht für den Versicherungsnehmer einer Auslegung zum Nachteil des Versicherers zu unterwerfen.

Zudem würde es für die Versicherungs-Gesellschaften bei der grossen Anzahl ihrer Agenten practisch unmöglich sein, über die Geschäftsgebahrung ihrer eigenen Agenten ausreichend unterrichtet zu sein, die sich je nach den wechselnden Verhältnissen der Versicherungsnehmer anders gestalten kann. Selbst, wenn die Versicherungs-Gesellschaft hinsichtlich der Prämienerhebung mit Rücksicht auf die reichsgerichtlich ihr zuerkannte Eigenschaft einer Holschuld eine dementsprechende Aenderung ihrer Policebestimmungen vornehmen würde, so würde doch jedenfalls die Ausführung dieser Massregel an der Thatsache scheitern, dass die Versicherungsnehmer nicht bloss an Orten, wo die Agenten ihren Wohnsitz haben, sondern auch zerstreut auf ausgedehnten Landbezirken sich niedergelassen haben, so dass sich allgemein ein Holen der Prämien, deren Zahlung ja nur gegen Empfangnahme der Quittung gültig geschehen kann, als ganz unausführbar erweisen wird.

Ist über die Abholung der Prämie ein Uebereinkommen zwischen dem Agenten und dem Versicherungsnehmer getroffen worden oder hat sich letzterer mit dem ortsüblichen Geschäftsgebrauch des Agenten, wenn auch nur stillschweigend durch Geschehenlassen der Prämienabholung einverstanden erklärt, so hat der Versicherungsnehmer der Gesellschaft gegenüber auch seine vertragswidrige Handlungsweise zu vertreten. Es steht ihm nur das Recht zu, sich an den Agenten wegen Schadloshaltung zu halten, der ihm regresspflichtig wird, wenn dieser von der bisher üblichen oder verabredeten Einziehungsweise der Prämie abgegangen ist, ohne dem Versicherungsnehmer vorher von dieser Aenderung eine Mitteilung gemacht zu haben. Zu dieser Frage ist noch bemerkenswert, dass die bei weitem grösste Anzahl der Versicherungs-Gesellschaften vor dem Verfall der Prämien ihren Versicherungsnehmern sogenannte Erinnerungsschreiben zugehen lässt. Da dieselben nicht den Character einer Mahnung tragen, welche bei vertragsmässig bestimmter Erfüllungszeit entbehrlich ist[9]), so ergeben sie sich vielmehr als ein Act der Gefälligkeit und der Zuvor-

---

[9]) Entsch. R.-O.-H.-G. in Note 8 h. l.

kommenheit seitens der Versicherungs-Gesellschaften. In der Regel aber haben die Versicherungs-Gesellschaften diesen Schreiben ausdrücklich die Verwahrung beigefügt, dass sie zur Präsentation der fälligen Quittung in der Wohnung des Versicherungsnehmers dem Vertrage gemäss nicht verpflichtet seien.

Treten wir nunmehr den Entscheidungen des R.-G. näher, so erkennen wir bald, dass dasselbe auch in dieser Frage zu einer sehr verschiedenen Auffassung über die bezüglichen Normen des Versicherungsvertrages gelangt ist. Es ist hier zunächst eine Entscheidung des R.-G. vom 5. 1. 1881[10]) zu erwähnen, welche den Standpunkt des R.-O.-H.-G. verlassen hat. Bei dem Vorliegen fast gleichlautender Policebedingungen in den genannten Streitfällen nimmt das R.-G. nicht an, dass die Prämienzahlung an sich eine Holschuld sei, sondern es gestattet dem Versicherungsnehmer gegen die Einrede des Verzuges die Replik, dass den Versicherer selbst ein Verschulden der Nichtzahlung treffe, und prüft auf Grund des thatsächlichen Herganges in jedem einzelnen Falle, ob ein solches Verschulden dem Versicherer zur Last falle. Wenn man auch nicht in jedem Punkte dieser Entscheidung beitreten kann, so sind doch hier auch Rechtsgrundsätze aufgestellt, die unbedingt anzuerkennen sind. Eine reichsgerichtliche Entscheidung vom 18. 9. 1885[11]), auf die hier weiter nicht eingegangen werden soll, enthält recht befremdende Ansichten über das Wesen der Prämienzahlung; das Vereinsblatt für deutsches Versicherungswesen hat dieselben a. a. O. mit Erfolg widerlegt.

Das R.-G. ist dagegen in seiner Entscheidung vom 26. 11. 1887[12]) nicht nur von der Auffassung des vorerwähnten Urteils abgewichen, sondern hat seine Ansicht mit einer eingehenden Motivirung begründet, ohne freilich die eigentliche Ursache zu erkennen, aus welcher man in der irrtümlichen Annahme, dass die Unteragenten auch über ihre Instruction hinaus ihre Gesellschaft verbindlich machen, den Character der Prämienzahlung als einer Holschuld begründen zu können glaubte.

Da die in Rede stehende Entscheidung inhaltlich für die Beurteilung unserer Frage sehr wichtig ist, so lassen wir den Wortlaut derselben in extenso folgen:

„Die angegriffene Entscheidung würde bedenklich sein, wenn es richtig wäre, dass die Policebedingungen keine Bestimmung, dass die Prämie vom Versicherten gebracht werden müsse, enthielten, und deshalb der Inhalt des Vertrages in Bezug hierauf entsprechend dem von der Berliner Agentur bis Ende 1881 geübten Gebrauche, die Prämien beim Kläger holen zu lassen, als zu einem Rückschluss auf die Absicht der Contrahenten beim Vertragsschluss geeignet auszulegen wäre. Denn war es das vertragsmässige Recht des Klägers, dass die Prämien bei ihm geholt wurden, so würde es bedenklich erscheinen, darin allein, dass Kläger in den Jahren 1882 und 1883 je zwei Mal, und zwar auf Aufforderung der Agentur innerhalb der Respectfristen, die Prämie gebracht hat, wenn auch diese Aufforderungen den — in diesem Falle dem Vertrage zuwiderlaufenden — Standpunkt der Beklagten, dass sie sich nicht zur Abholung verpflichtet erachte, erkennen liessen, eine Aufhebung des vertragsgemässen Rechts des Klägers zu finden.

---

10) Entsch. R.-G. III. S. 104 ff.
11) Vereinsblatt, J. 1887, S. 207 ff.
12) Entsch. R.-G. XXII. 9, 51.

„Allein die Voraussetzung ist nicht zutreffend, weil die Policebedingungen, wie, freilich abweichend von dem R.-O.-H.-G. B. 9, S. 370 ff. abgedruckten Urteil, sofern demselben, wie es den Anschein hat, die gleichen Policebedingungen zu Grunde gelegen haben, diesseits hat angenommen werden müssen, die Pflicht des Versicherten, die Prämien zu bringen, mit hinreichender Deutlichkeit ausdrücken. Die Feststellung: „Die Zahlung erfolgt an den Agenten, der das Geschäft vermittelte, muss aber, wenn dieses Anstand findet, oder der Agent nicht im Besitze der von der Direction vollzogenen Prämienquittung ist, unmittelbar an die Direction der Gesellschaft innerhalb der im § 6 festgesetzten Fristen geleistet werden", konnte nicht anders verstanden werden, als dass der Versicherte sich mit dem Zahlungsanerbieten zunächst an den Agenten zu wenden, falls dieser aber nicht mehr vorhanden oder vorzufinden sei, oder die Annahme weigere oder nicht durch den Besitz der Prämienquittung legitimirt sein sollte, den Betrag an die Direction der Beklagten einzusenden hatte. Darüber kann kein Zweifel obwalten, dass die für den Fall des Scheiterns der Zahlung an den Agenten, an welchen der Versicherte zunächst verwiesen wird, dem letzteren auferlegte Leistung der Zahlung an die Direction, welche ihren Sitz in S. hat, innerhalb dreissig Tagen vom Fälligkeitstage ab als eine Sendung des Geldes an den Sitz dieser Direction gemeint ist. Es liegt nun an sich schon fern, dass, während die Policebedingungen dies zum Ausdruck bringen und sich mit der Voraussetzung dieser eventuellen Verpflichtung, auf deren Nichterfüllung ein ganz erhebliches Präjudiz gesetzt ist, beschäftigen, hier der wesentlichste Punkt, ob der Versicherte Zahlungsannahme bei dem Agenten zu suchen oder dessen Zahlungsbegehren zu erwarten habe, offen geblieben wäre. Sollte aber der Vertrag den Inhalt haben, dass der Versicherte abzuwarten habe, ob sich der Agent mit Prämienquittung zum Zahlungsempfang bei ihm einfinden oder ein sonstiger legitimirter Vertreter der Versicherungs-Gesellschaft ihn anweisen werde, das Geld an die Direction zu senden, so wäre die Fassung der Bedingungen, auch als nicht erschöpfender Ausdruck dessen, was eigentlich als vereinbart zu gelten hätte, betrachtet, als eine gänzlich verfehlte zu erachten. Ihr von dem Gesichtspunkte eines Geschäftsgebrauches aus, von dem in dem citirten Urteil des O.-L.-G. selbst nicht behauptet wird, dass er ein bei allen Versicherungs-Gesellschaften herrschender sei, einen Zwang anzuthun, während sich eine natürliche Erklärung, die zugleich der Bestimmung die Bedeutung einer erschöpfenden giebt, aufdrängt, dazu liegt kein Anlass vor. Es ist nicht ersichtlich, wie man sich ein Zusammentreffen des Versicherten mit dem Agenten, während der letztere einen Auftrag zur Empfangnahme der Prämien gar nicht hat oder denselben nicht ausführen will, anders denken soll, als indem der Versicherte mit dem Gelde selbst zu dem Agenten geht. Selbst wenn man den derzeitigen wirklichen Agenten der Versicherungs-Gesellschaft unterstellt, so wird es nicht als geschäftsüblich erachtet werden können, dass derselbe, wenn er die Prämienquittung nicht erhalten hat und deshalb die Prämie nicht einkassiren kann, vielleicht gerade nicht einkassiren soll, sich zum Zwecke der Mitteilung hiervon zur Verfallzeit bei den Versicherten einfände oder ihnen auch nur hiervon durch Brief oder Boten Kenntnis gäbe. Vollends kann hiervon bei dem Agenten, der nach den Policebedingungen allein in Frage ist, nämlich demjenigen, der das Versicherungsgeschäft vermittelt hat und der möglicherweise zur Zeit der Fälligkeit der Prämie gar nicht mehr in Function ist, nicht die Rede sein. Was übrigens den Geschäftsgebrauch, die Prämien abholen zu lassen, anlangt, den der Kläger als einen allgemein geübten, übrigens aber doch zugleich unter Verknüpfung mit der Alternative, wenigstens vor der Verfallserklärung zu erinnern, behauptet, so würde auch der Nachweis einer wirklich weit verbreiteten Uebung in diesem Sinne das Ergebnis der Auslegung der vorliegenden Policebedingungen schon um deshalb nicht beeinträchtigen können, weil damit doch noch nicht bewiesen wurde, dass dieses Holen der Prämien im Sinne der Bestätigung einer dahin als geltend erachteten Vertragsbestimmung erfolgt, während es, wenn es bloss thatsächlich in Nichtausübung eines ganz anders gearteten Vertragsrechts, auf das der Versicherer, wenn es seinem Interesse entspricht, zurückgreifen will und kann, geschieht, für eine Vertragsauslegung überhaupt nicht heranzuziehen ist.

Dies führt auf die Frage, welche Bedeutung es für den Fortbestand des entstandenen vertragsmässigen Rechts der Beklagten auf Bringen der Prämien seitens des Klägers gehabt hat, dass Beklagte bis Ende des Jahres 1881 von diesem Rechte keinen Gebrauch gemacht hat, vielmehr ihre Agentur bis dahin die Prämien beim Kläger hat einkassiren lassen. Der Auffassung, welche die Französische Rechtsprechung solchem Gebrauche dahin zu Teil werden lässt, dass dadurch der Vertrag geändert, das Recht der Gesellschaft auf Bringen der Prämien beseitigt und die Bringschuld in eine Holschuld verwandelt worden sei, vergleiche die Zusammenstellung der Rechtsprechung im Journal des assurances Jahrg. 1886, S. 160 ff., beistimmend König in Endemann, Handbuch III. S. 769, konnte nicht beigetreten werden. Diese Auffassung wird dort dazu verwertet, in allen diesen Fällen die Policeclausel, dass unter Ausschluss des formalen Acts einer Inverzugsetzung, wie ihn Art. 1139 Code civil fordert, schon infolge Ablaufs der Respectfrist ohne Zahlung von selbst der Vertrag hinfällig werde, zu beseitigen und jenen formalen Act für erforderlich zu erklären, indem teils ausgeführt wird, der Ausschluss jenes Actes sei bei der Holschuld unzulässig, teils, er sei in der Policebestimmung mit der Feststellung der Prämienschuld als Bringschuld derartig verknüpft, dass er mit der Veränderung des Vertrages in diesem Punkte zugleich wegfalle. Indessen sind sowohl diese Consequenzen der gedachten Auffassung wie insbesondere auch sie selbst in der Französischen Doctrin durchaus nicht unangefochten, vergleiche Alauzet, traité général des assurances II. No. 426, Herbault, traité des assurances sur la vie 1887 S. 174, Couteau, traité des assurances sur la vie II. S. 192, Begerem et de Baets, traité des assurances terrestres, Gent 1880 S. 249, 250, und diese ganze Richtung der Rechtsprechung entbehrt einer eingreifenden Bedeutung für das Versicherungswesen, wenn, wie dies neuerdings wiederholt geschehen ist, vergleiche Sirey 1884 2. 10 und Journal des assurances 1886 S. 120, die Aufnahme des Vermerks in die Police, dass der Gebrauch, die Prämien bei Versicherten einzukassiren, nicht als Beseitigung der Bestimmung, dass die Prämie zu bringen ist, gelten solle, für genügend befunden wird, um jener Richtung der Rechtsprechung den Boden zu entziehen, vergleiche auch Ferot, Etudes sur les assurances à prime contre l'incendie 1881 No. 234. In der That kann, gleichviel ob die thatsächliche Einkassirung der Prämien bei den Versicherten auf einem Entgegenkommen der Gesellschaften im Interesse der Versicherten beruht oder ob sie, was übrigens viel näher liegt, im Interesse der Gesellschaften selbst, beziehentlich ihrer Agenten, um die gewonnenen Versicherungen sich zu erhalten und die Prämiensummen zu erlangen, geschieht, in solchem thatsächlichen Verhalten, auch wenn es längere Zeit geübt wird, noch keine Aufgebung des im Sinne erforderlichen Bringens der Prämien verbrieften Rechts gefunden werden, vergleiche Malss in Zeitschrift für Handelsrecht B. 6 S. 378. Dazu würde erforderlich sein, dass bei dem Verhalten irgendwie hervorgetreten wäre, dass es als eine Pflicht geübt oder dem Versicherten das Recht, die Mittel zur Zahlung in seiner Wohnung bereit zu halten, den Geldbetrag dem Agenten zu bringen, versagt sein sollte. Es liegt nahe, dass die Versicherungs-Gesellschaft sich nur so lange wegen eines bestimmten Interesses in Bezug auf die Ausübung ihres Rechtes nachgiebig zeigt, bis ein stärkeres Interesse sie zum Bestehen auf ihrem Rechte veranlasst. Das Emporwachsen von bisher nur mässig ausgedehnten Städten zu grossem Umfange, welches die bisher einfache Einkassirung der Prämien zu einem umständlichen und kostspieligen Geschäft macht, giebt einen Beleg hierfür. Nur wird, weil der Versicherungsverkehr besonders von Treue und Glauben beherrscht sein soll und als Versäumung der Zahlung nur ein schuldbarer Verzug zu erachten ist, eine fortgesetzte Uebung, die Prämien abzuholen, da sie den Glauben hervorzubringen geeignet ist, dass in dieser Uebung werde fortgefahren werden, allerdings die Wirkung haben, dass, wenn einer ferneren Nichtzahlung, die ihren Grund darin haben soll, dass der Versicherte die Prämie, die nicht bei ihm einkassirt ist, nicht gebracht hat, der Character der Säumnis beigemessen werden soll, die Versicherungs-Gesellschaft dem Versicherten angekündigt haben muss, dass sie von ihrer bisherigen Uebung abgehe. Dies ist aber im vorliegenden Falle bereits im Jahre 1882 geschehen, und Kläger hat in diesem Jahre wie im Jahre 1883 infolge dieser Ankündigung die Prämie gebracht, so dass auch daran nicht zu zweifeln ist, dass er die betreffende in den Prämienquittungen und dem Erinnerungsschreiben enthaltene Erklärung richtig verstanden hat. Das neue, in den Erinnerungen an die Zahlung bethätigte Entgegenkommen brauchte aber nicht wiederum, bevor eine Säumnis eintreten konnte, abgekündigt zu werden, da sowohl in den Erinnerungsschreiben selbst wie namentlich auch in den Prämienquittungen deutlich zum Ausdruck gebracht war, dass solche Erinnerung bloss auf dem guten Willen der Beklagten beruhe und die Verwirkung auch bei einer Nichtzahlung trotz Ausbleibens eines solchen Errinnerungsschreibens in Kraft treten werde, so dass Kläger sich daher auf den Eingang eines solchen Schreibens nicht zu verlassen hatte und namentlich in Rücksicht auf die zuletzt erwähnte Androhung nicht im Zweifel darüber sein konnte, dass die Gesellschaft, wenn sie von der Mahnung absehen wollte, dies ihm nicht erst noch vorher ankündigen wollte. Ob nicht eine dauernde Uebung, an die Zahlung zu erinnern, trotz fortgesetzter Druckvermerke, wie die vorstehend erwähnten, in den Erinnerungsschreiben und Prämienquittungen einen Versicherten entschuldbar erscheinen lässt, wenn er, die Druckvermerke als blosses Formular erachtend, sich auf ein Geschäftssystem der Erinnerungen verlässt, braucht hier nicht erörtert zu werden. Das blosse Bethätigen der Erinnerungen während zweier Jahre unter Sendung von Urkunden, deren voller Inhalt dazu bestimmt und geeignet gewesen war, das neue thatsächliche Verhalten einzuleiten, kann in solchem Sinne nicht aufgefasst werden."

In kurzen Worten ausgedrückt, kommt das R.-G. in der vorstehenden Entscheidung zu dem Ergebnis, dass eine den Vertragsbestimmungen zuwiderlaufende Uebung diesen Bestimmungen ihre Bedeutung nehme, wenn diese Uebung eine dauernde ist. In dieser Allgemeinheit mag dieser Grundsatz durchgehen, nur darf man bei unserer Frage speciell nicht ausser Acht lassen, ob diese entgegenstehende Uebung auch von dazu berufener, zu einer rechtsgültigen Abänderung der Vertragsbestimmungen berechtigter Hand ausgegangen ist. Hier ist die Ursache der vertragswidrigen Form der Prämienzahlung die Gepflogenheit der Agenten, die Prämie von dem Versicherten abzuholen. Der Agent hat zwar das Mandat von der Gesellschaft erhalten, die Prämiengelder nach Massgabe der Versicherungsbedingungen einzukassiren, aber niemals die Ermächtigung, die Prämiengelder von dem Versicherungsnehmer zu holen und event. den Vertrag in diesem Sinne abzuändern. Man wird in keiner Versicherungspolice irgend einer Art einen Paragraphen finden, der nur annähernd die Deutung zulässt, dass die Prämie eine Holschuld sei. Schon ein rein äusserlicher, sich aus der Praxis ergebender Grund verbietet es, den Character der Prämie als Holschuld aufzufassen. „Das Emporwachsen von bisher nur mässig ausgedehnten Städten, sagt das R.-G. zutreffend, zu grossem Umfange, welches die bisher (aber nicht überall, bemerken wir dazu) einfache Einkassirung der Prämien zu einem umständlichen und kostspieligen Geschäft macht, giebt einen Beleg hierfür." Die Versicherungsbedingungen weichen freilich mit Rücksicht auf die sich oft ergebenden practischen Schwierigkeiten von der Bestimmung des Art. 325 H.-G.-B. insofern ab, als in ihnen die Unteragentur, deren Sitz keineswegs als Niederlassungsort der Versicherungs-Gesellschaft im Sinne des gedachten Artikels gelten kann, schon als Ort der Empfangnahme für die Prämiengelder erklärt wird, und bringen jene Bestimmungen des Artikels nur dann zur Anwendung, wenn der Unteragent nicht zum Prämienempfang legitimirt ist, was immer der Fall ist, wenn derselbe nicht im Besitz der Prämienquittung ist. Ist nun der Versicherungsnehmer entgegen der policemässig zu leistenden Prämienzahlung mit der Gepflogenheit des Agenten, die Prämie abzuholen, einverstanden, so hat sich auch hier ein Abkommen zwischen beiden gebildet, das Allem, was die Gesellschaft als solche vertreten kann oder muss, gänzlich fern steht. Die Uebung, die Prämie in anderer Weise, als wie vertragsmässig gewollt, einzukassiren, berührt, gleichgültig, ob die Gesellschaft von ihr Kenntnis hat oder nicht, das Rechtsverhältnis zwischen dem Versicherungsnehmer und der Gesellschaft durchaus nicht und ändert auch gar nichts an demselben, sie ist und bleibt ganz für sich bestehend, d. h. eine solche, die nur der von dem Agenten selbstständig ausgeübten Vermittelungsthätigkeit entsprungen ist, und hat darin ihre Ursache, dass der Agent ein ganz besonderes materielles Interesse daran hat, sich die Versicherungen zu erhalten, wie oben bereits näher dargelegt ist. Hält man daran fest, dass das Agenturgeschäft ein selbstständig betriebenes Vermittelungsgeschäft ist, dessen Inhaber ohne besondere ausdrückliche Vollmacht dazu niemals die eine oder andere Partei vertreten kann, so wird bei der rechtlichen Beurtheilung unserer Frage es ganz belanglos sein, ob die den Vertragsbestimmungen entgegenstehende Uebung der Prämienzahlung eine dauernde gewesen ist oder nicht, natürlich nur, soweit das Vertragsverhältnis zwischen Versicherungsnehmer und Versicherungs-Gesellschaft hierbei einer Erörterung unterliegt. Wenn also der Versicherungsnehmer durch die Gepflogenheit des Agenten in dem Glauben gehalten wird, dass die Prämie rechtzeitig abgeholt wird, diese Abholung jedoch unterbleibt, so steht ihm das Recht zu, gegen den Agenten Regress zu nehmen dafür, dass er durch dessen Schuld der Gesellschaft gegenüber in Verzug gesetzt worden ist. Das in der obigen Entscheidung erwähnte Erinnerungsschreiben der Gesellschaft, die Prämienzahlung betreffend, das mit Recht von dem R.-G. nur als ein Act des Entgegenkommens seitens der Gesellschaft aufgefasst wird, enthält z. B. stets die Aufforderung, an den Agenten bezw. an die Gesellschaft selbst die Prämienzahlung zu leisten, nicht etwa eine Benachrichtigung an den Versicherten, die Prämie zur Abholung derselben bereit zu halten.

Die beiden folgenden Entscheidungen des R.-G. bieten namentlich deswegen ein erhöhtes Interesse, weil sie sich mit der angeblich streitigen Frage des Prämien-Stundungsrechts des Unteragenten beschäftigen.

Das erstere Urteil ist vom 16. 5. 1888 [13]) und lautet: „Die angefochtene Entscheidung beruht zunächst darauf, dass das Berufungsgericht der vom Landgerichte näher entwickelten Auffassung des Inhalts der Policebestimmungen, sowie der Bedeutung des Erneuerungsscheins beigetreten ist und demzufolge angenommen hat, dass das Verlangen des Ersatzes eines am 4. 3. 87 von dem klägerischen Cedenten erlittenen Feuerschadens unbegründet sei, weil dieser es unterlassen hat, den Beklagten für das neue vom 8. 8. 1886 bis 8. 8. 1887 laufende Jahr die Prämie innerhalb der ersten 15 Tage zu entrichten, während die Beklagte ihrerseits nichts gethan habe, was den klägerischen Cedenten zu der Annahme hätte veranlassen können, es solle ihm die zur Erneuerung des Versicherungsvertrages nach den Bestimmungen der Police erforderliche Prämienzahlung länger als 15 Tage nach Ablauf des vorigen Versicherungsjahres gestundet werden. Hierin ist die Verletzung irgend welcher Rechtsnormen, insbesondere auch die Verletzung von Interpretationsregeln, nicht erfindlich. Ebenso hat das Berufungsgericht den in zweiter Instanz vom Kläger gemachten Versuch, die Sache so darzustellen, dass der Makler als Vermittler der Prolongation der Versicherung im Namen der Beklagten dem klägerischen Cedenten erklärt habe, es habe mit der Bezahlung der Prämie keine Eile, und dass hierin ein verleitliches Verhalten liege, für welches die Beklagte aufkommen müsse, durch das Ergebnis der diesserhalb erfolgten Beweisaufnahme für widerlegt erachtet, ohne dass auch in dieser Beziehung irgend eine das Gericht beeinflussende Verletzung von processualen oder materiellen Rechtsnormen erfindlich wäre. Endlich ist auch den Ausführungen des Berufungsgerichtes durchaus beizutreten, durch welche es die Erheblichkeit der in zweiter Instanz vom Kläger noch aufgestellten Behauptung widerlegt, dass die Beklagte dem klägerischen Cedenten bei früheren Gelegenheiten bezüglich der zu bezahlenden Erneuerungsprämie Stundung gewährt habe, und dass sie allgemein von dem ihr nach § 6 der Policebedingungen zustehenden Rechte keinen Gebrauch zu machen pflege, wie dies usancegemäss auch von anderen Hamburger Versicherungs-Gesellschaften, deren Policebedingungen dem § 6 der hier fraglichen Police entsprechen, nicht geschehe. Dasselbe gilt auch von der Annahme des Berufungsgerichts, dass auch nicht etwa erst noch eine Mahnung der Beklagten in Betreff der Prämienzahlung erforderlich gewesen sei."

In der Entscheidung des R.-G. vom 4. 12. 1888 [14]) heisst es in

---

13) Vereinsblatt J. 1889. S. 207 ff.
14) Vereinsblatt J. 1889, S. 215 ff.

den Gründen derselben: „... Kläger hat sich nämlich überall nicht darauf berufen, dass er während der ganzen Dauer der im Erneuerungsschein vom 7. 7. 1887 bestimmten Versicherungszeit irgend welche Thätigkeit, sei es zum Eintritt der Verpflichtung der Beklagten aus dem Vertrage, sei es zum Abschlusse des Rücktrittsrechtes derselben, entfaltet, dem Agenten auch nur erklärt habe, dass er die berechnete Prämie bezahlen wolle; er musste umgekehrt einräumen, dass er noch kurz nach dem Brande in dem Glauben gestanden habe, er sei nicht bei der Beklagten versichert. Bei solchem Sachverhalte kann Kläger ohne Verstoss wider Treu und Glauben nicht geltend machen, dass, wie er nachträglich erfahren, der mehrgenannte Agent schon im Juli 1886 die fällige Prämie mit der Beklagten verrechnet oder durch spätere Teilzahlungen auf das Gesammtguthaben der Beklagten berichtet habe, und es erscheint sein Anführen, dass der Agent hierbei als sein, des Klägers, Mandatar oder Geschäftsführer gehandelt habe, durch sein eigenes thatsächliches Vorbringen widerlegt. Dazu tritt noch, dass der Vorderrichter feststellt, es gehe aus der Art und Weise, wie der Agent bei der Buchung des streitigen Prämienbetrages in dem der Beklagten übersendeten Contoauszuge zu Werke gegangen, weder die Absicht des Rechnungsstellers, die Schuld des Klägers durch Verrechnung zu tilgen, noch die wirkliche Tilgung dieser Schuld hervor, es sei vielmehr der Eintrag der Prämienzahlung im Debet des Agenten nur in der Erwartung der künftig vom Kläger zu leistenden Zahlung und ausschliesslich im inneren Geschäftsverkehr zwischen dem Agenten und der Versicherungsgesellschaft erfolgt. Ein Rechtsirrtum ist bei diesen Festsellungen nicht ersichtlich. Denn in Wirklichkeit bestand ausweislich der vorgelegten Buchauszüge kein eigentliches Contocorrentverhältnis zwischen dem Agenten und der Beklagten, und es lässt sich auch nicht behaupten, dass der erstere schon durch die blosse Aufnahme des streitigen Prämienbetrages in die der letzteren mitgeteilte laufende Rechnung in die Obligation des Klägers eingetreten sei oder dessen Geschäfte geführt habe (vergl. Entsch. des R.-O.-H.-G. XXIII. No. 52).

„Bedenklich ist allerdings die Entscheidung des Berufungsrichters über die angebliche Stundung der schuldigen Prämie und die angebliche Erklärung des Agenten gelegentlich seines letzten, dem Brandfalle vorausgegangenen Besuchs bei dem Kläger: „dass er (zur Empfangnahme der Prämie) wiederkommen werde!" Findet man in diesem Verhalten des Agenten in der That eine Stundung der Prämie oder die Zusage, die Prämie abholen zu wollen, so kann die rechtliche Wirkung dieser Vorgänge durch die Erwägung allein nicht beseitigt werden, dass der Agent hierbei missbräuchlich gehandelt habe. Ein näheres Eingehen auf diesen Punkt ist jedoch nicht erforderlich. Denn Kläger hat sich, wie schon oben hervorgehoben, auf Vereinbarungen, die zwischen ihm und dem Agenten über die Zahlung der Prämie getroffen worden seien, überhaupt nicht gestützt; sein bezügliches Vorbringen kann daher nur dahin verstanden werden, dass der Agent zunächst aus eigenem Antriebe die Einziehung des fälligen Prämienbetrages unterlassen und später deren Zahlung in Erinnerung gebracht habe."

Beide Urtheile geben uns noch zu einer Bemerkung Anlass. In beiden Entscheidungen hat das R.-G. ein besonderes Gewicht auf die folgenden Aeusserungen des Maklers und des Unteragenten gelegt: in der ersteren, „es habe mit der Bezahlung der Prämie keine Eile", in der letzteren, „er werde (zur Empfangnahme der Prämie) wiederkommen." Im Gegensatz zu dem Berufungsrichter in der ersten Entscheidung, welcher über die Erklärung des Maklers oder Unteragenten Beweis erheben liess und nur dadurch, dass der Kläger beweisfällig wurde, zu einer Freisprechung der Gesellschaft von der Haftpflicht gekommen war, hatte der Berufungsrichter in der zweiten Entscheidung die ähnliche Aeusserung des Unteragenten für unerheblich erklärt, weil der Agent nicht ermächtigt gewesen sei, die Prämie zu stunden. Diese Auffassung des letzten Berufungsrichters hat das R.-G. in dem letzten Abschnitt der zweiten Entscheidung damit für bedenklich erklärt, dass die rechtliche Wirkung dieses Vorganges der angeblichen Stundung durch die Erwägung allein nicht beseitigt würde, dass der Agent hierbei missbräuchlich gehandelt habe. In beiden Fällen entspricht die Ansicht des R.-G. nicht der rechtlichen Stellung des Unteragenten.

Der Unteragent ist, wie oben dargelegt ist, hier nur der Incassomandatar der Gesellschaft und verpflichtet die Gesellschaft demgemäss nur, soweit es sich um die reine Empfangnahme der Prämie handelt. Darüber hinaus handelnd, tritt der Agent in seine ursprüngliche Thätigkeit als die eines selbstständigen Vermittlers zurück. Die letztere Eigenschaft des Unteragenten kommt wiederum in den Policebestimmungen dadurch zum Ausdruck, dass er nicht berechtigt ist, Prämien zu stunden. Thut er es dennoch, so stellt sich die Stundung der Prämie als ein besonderes Abkommen in der Verrechnung derselben zwischen ihm und dem Versicherungsnehmer dar, das nach Aussen hin als ein Darlehn, als ein Vorschuss an den Versicherungsnehmer oder als eine vorläufige Auslage an die Gesellschaft für den Versicherungsnehmer seitens des Unteragenten erkennbar wird. Die Abrede einer besonderen Verrechnung zwischen den beiden zuletzt Genannten kommt vielfach da vor, wo auch sonst noch geschäftliche Beziehungen zwischen beiden obwalten. Der Agent als solcher hat der Gesellschaft gegenüber instructionsgemäss stets entweder die Prämie als zum Fälligkeitstermine derselben bezahlt aufzugeben oder aber die uneingelöste Prämienquittung der Generalagentur zur Verfallzeit zwecks Entlastung zurückzuliefern. Kommt nun das Vertragsrecht zwischen der Gesellschaft und dem Versicherungsnehmer in dem Punkte der Prämienzahlung in Frage, so berührt dasselbe bei der rechtlichen Beurteilung des über jenen Punkt erhobenen Streites die interne Vereinbarung zwischen dem Agenten und dem Versicherungsnehmer, als welche stets ein Abkommen anzusehen ist, durchaus nicht, vielmehr besteht die letztere daneben. Aus diesem Grunde ist dem Berufungsrichter in der zweiten Entscheidung darin völlig beizupflichten, dass er die Erklärung des Unteragenten „er wolle zur Empfangnahme der Prämie wiederkommen" für unerheblich bei der Klarlegung der bei dieser Entscheidung zu berücksichtigenden Rechtsfragen erklärt. Eine Beweisaufnahme aber über jene Erklärung des Unteragenten, welche der Berufungsrichter in der ersten Entscheidung für notwendig befunden hat, war nicht erforderlich, da der Gegenstand derselben ausserhalb des Vertragsrahmens der Gesellschaft liegt.

Daran anknüpfend kann die Frage aufgeworfen werden, wie die Haftung des Unteragenten, welcher wegen nicht rechtzeitiger Rücksendung der Prämienquittungen vertragsmässig seiner Gesellschaft verhaftet ist, aufzufassen ist. Mit dieser Frage hat sich das R.-O.-H.-G. in einem Erkenntnis vom 15. 12. 1877[15]) beschäftigt. Die Gesellschaft als Klägerin fordert im vorliegenden Falle für Policen und Prämienquittungen von ihren Agenten als Beklagten noch eine gewisse Summe nebst Zinsen. Die Beklagten wenden u. a. ein, sie hafteten nicht selbstschuldnerisch und solidarisch, sondern nur subsidiär nach vergeblicher Ausklagung der Versicherten, welche die eigentlichen Schuldner seien. Das Gericht erster Instanz wies die Klage ab, weil die Beklagten nur eine Bürgschaft für die von ihnen einzuziehenden Beträge übernommen haben und nichts vorliege, dass sie als selbstschuldnerische Bürgen haben haften wollen. Das Appellations-Gericht bestätigte die Entscheidung, weil die Agentur kein Handelsgeschäft sei und die Beklagten sich nicht als Selbstschuldner verpflichteten. Auf die Nichtigkeitsbeschwerde der Klägerin sind die Beklagten durch obiges Erkenntnis verurteilt worden. Die Gründe lauten: „Die von den Beklagten durch Unterzeichnung des Reverses für die Einlösung der Policen und späteren Prämienzahlungen nach der Instruction übernommene Verbindlichkeit ist vom ersten und zweiten Richter als eine nicht selbstschuldnerische Bürgschaft benommen, und hat der zweite Richter aus diesem Grunde und weil die Agentur kein Handelsgeschäft sei, die Berufung der Beklagten auf ein beneficium excussionis für begründet erklärt. Allerdings sind Agenten von Versicherungs-Gesellschaften nur Bevollmächtigte und als solche nicht Kaufleute. Es ist jedoch vom Appellationsrichter übersehen, dass Beklagte actenmässig Kaufleute sind, daher im Zweifel nach Art. 274 H.-G.-B. alle von ihnen geschlossenen Verträge als zum Betriebe ihres Handelsgewerbes gehörig gelten. Gründe, aus welchen mit Sicherheit zu schliessen wäre, dass die Uebernahme der zur Frage stehenden Agentur zu dem Handelsgewerbe der Beklagten in keiner Beziehung gestanden haben, sind aus den Acten und dem Vorbringen der Parteien nicht zu entnehmen, und haben Beklagte selbst nach dieser Richtung eine Darlegung überall nicht versucht. Vom Standpunkte des Vorrichters aus sind daher mit Zulassung der Einrede der Vorausklage die Art. 274 und 281 Abs. 2, H.-G.-B. durch Nichtanwendung verletzt und musste schon aus diesem Grunde die Vernichtung des Erkenntnisses erfolgen.

„Bei der damit eintretenden freien Prüfung des unter den Parteien bestehenden Rechtsverhältnisses hat aber auch der Annahme des Vorderrichters, dass auf Seiten der Beklagten eine Bürgschaft liege, nicht beigetreten werden können. Beklagte sind nach dem Agenturvertrage verpflichtet, den Betrag der ihnen zugehenden Policen und Quittungen innerhalb bestimmter Fristen einzuziehen, oder aber die Documente nach Ablauf der Fristen unverzüglich zurückzusenden. Für den Fall nicht rechtzeitiger Rücksendung ist vereinbart, dass Beklagte für die Beträge „verhaftet bleiben" und für dieselben aufkommen müssen. Der Ausdruck „verhaftet bleiben" erklärt sich aus der in der Instruction[16]) geordneten Contocorrent-Einrichtung, nach welcher die Policen und Quittungen in das Debet des von der Agentur zu führenden Contos einzustellen sind. Diese Belastung erfolgt indessen allein zum Zwecke der Abrechnung mit der Gesellschaft und ist um so mehr als eine nur vorläufige anzusehen, als sich aus dem sonstigen Inhalte der Instruction keine Gründe für die Annahme entnehmen lassen, dass die Agentur für die Beträge der

---

[15]) Entsch. des R.-O.-H.-G. XXIII. 52, 149.
[16]) Vergl. auch S. 10.

empfangenen Documente sofort als Selbstschuldnerin eintreten und ihr nur gestattet sein soll, sich von der Schuld durch rechtzeitige Zurücksendung der Documente zu befreien. Die Verhaftung der Agentur wird aber eine definitive, eine „bleibende", wenn die Policen und Quittungen nicht unverzüglich nach Ablauf der Einlösungsfrist zurückgesendet werden. Beklagte sind daher verpflichtet, die Beträge der von ihnen nicht rechtzeitig remittirten Documente selbst zu berichtigen. Hierin liegt jedoch keine Bürgschaft für Dritte, kein Eintreten in eine fremde Obligation, sondern die eigene selbstständige Verpflichtung der Beklagten, ihrer Mandantin bestimmte Beträge unter gewissen Voraussetzungen zu bezahlen. Beklagte haben versprochen, die Aufträge ihrer Mandantin entsprechend auszuführen und bei Nichtleistung vertragsmässiger Diligenz für die betreffenden Beträge selbst aufzukommen; in diesem Versprechen ist so wenig eine Bürgschaft für den Versicherten zu finden, als in der gesetzlichen Verpflichtung des Commissionärs zur sofortigen Zahlung des Kaufpreises bei unbefugtem Creditarkaufe eine Bürgschaft für den Käufer liegt; Agent und Commissionär erfüllen vielmehr mit der Zahlung nur ihre eigene vertragsmässige bezw. gesetzliche Verbindlichkeit."

Das Urteil des R.-O.-H.-G. entspricht vollständig dem Geiste der Vertragsbestimmungen, die zwischen der Gesellschaft und dem Agenten in der Regel über die Haftung aus Empfangnahme für Zahlungen festgesetzt sind.

§ 9.

6. Die Veränderungsanzeige an den Agenten.

Aus der Natur des Versicherungsvertrages, der so hervorragend auf der Verpflichtung beider Teile zu besonderer Treue und Aufrichtigkeit beruht, ergiebt sich als notwendige Folge für den Versicherungsnehmer die Pflicht zur Anzeige aller derjenigen Veränderungen, welche im Laufe der Versicherung auf die Gefahr des von der Gesellschaft übernommenen Risicos von besonderem Einfluss sind.[1]) Diese Pflicht besteht übrigens nur dann, wenn der Versicherungsnehmer von den Veränderungen eine so ausreichende Kenntnis erhalten hat, dass er die erhöhte Gefahr zu erkennen vermochte.[2]) Die Versicherungsbedingungen[3]) jedes Zweiges

[1]) Vergl. L. R. §§ 2117, 2118, II. 8. Entsch. R.-O.-H.-G. 19. 3. 72, V. 65, 300. Entsch. 3. 1. 73, VIII. 75, 308.

[2]) Entsch. R.-O.-H.-G. 13. 2. 72, V. 27, 121.

[3]) „Jede Veränderung, welche während der Dauer der Versicherung in den Verhältnissen, namentlich in der Beschäftigung oder der Berufsart des Versicherten eintritt und nach dem Ermessen Sachverständiger geeignet ist, das Leben oder die Gesundheit des Versicherten einer erhöhten Gefahr auszusetzen, muss der Direction der Gesellschaft vor dem Eintritte der Veränderung schriftlich unter Einreichung der Police durch den Versicherungsnehmer angezeigt werden. Die Gesellschaft entscheidet darüber, ob und unter welchen Bedingungen sie die Versicherung fortsetzen will, ohne zur Angabe von Gründen für ihre Entscheidung verpflichtet zu sein. Eine erhöhte Gefahr für das Leben oder die Gesundheit des Versicherten wird ohne weiteren Beweis und ohne Anhören von Sachverständigen als vorhanden angenommen in folgenden Fällen:

    a. wenn der Versicherte Seedienst in der Handels- oder Kriegs-Marine antritt oder leistet.

    b. wenn der Versicherte Heeresdienste leistet,

    c. wenn der Versicherte eine nicht gestattete Reise zur See antritt,

    d. wenn der Versicherte zu einem gefährlichen Beruf übergeht.

der Versicherung enthalten darüber besondere Bestimmungen, aus welchen ersichtlich ist, welche Umstände der Anzeigepflicht unterliegen und welche Folgen das Unterbleiben einer rechtzeitigen Anzeige darüber nach sich zieht.

Die Stelle, an welche hier der Versicherungsnehmer die Anzeigen zu richten verpflichtet ist, geht ebenfalls aus dem Versicherungsvertrage hervor. Eine bestimmte Bezeichnung derselben findet sich in der Regel bei den Lebensversicherungs-Gesellschaften. Hier ist als Anzeigestelle die Direction der Gesellschaft angegeben, während in den Versicherungsbedingungen der übrigen Zweige der Binnenversicherung der allgemeine Ausdruck „Gesellschaft", „Anstalt" als Ort der einzusendenden Anzeige Aufnahme gefunden hat. Daneben verweisen aber auch die Policebedingungen einiger Gesellschaften den Versicherungsnehmer zur Abgabe seiner Anzeige direct an den Unteragenten. Jedoch wird die Verkehrserleichterung, welche durch die Vermittelung des Unteragenten dem Ver-

Unterbleibt die rechtzeitige Anzeige einer Veränderung, welche in den Verhältnissen des Versicherten eingetreten ist und nach dem Vorstehenden anzuzeigen war, oder wird die Fortsetzung der Versicherung unter den veränderten Verhältnissen von der Gesellschaft abgelehnt oder mit der letzteren bis zum Eintritte der Veränderung nicht vereinbart, so ist mit dem Eintritt der Veränderung die Versicherung erloschen. . . ." (Lebensversicherung.)

„Wenn der Versicherte im Laufe der Versicherung
1. eine Vermehrung der Feuergefährlichkeit herbeiführt oder zulässt,
2. versicherte Gegenstände noch anderweit versichert,
3. sie in eine andere Localität als diejenige, wo sie versichert sind, verbringt oder verbringen lässt,

oder wenn
4. versicherte Gegenstände, abgesehen von Erbschaftsfällen, den Eigentümer wechseln,

so ruht bis zur schriftlichen Genehmigung dieser Veränderungen seitens der Anstalt oder bis zur Wiederherstellung des früheren Zustandes die Entschädigungsverpflichtung der Anstalt und zwar in den Fällen unter 1 und 2 bezüglich aller, in den Fällen unter 3 und 4 bezüglich der davon betroffenen versicherten Gegenstände.

Umstände, welche, unabhängig von dem Willen des Versicherten eintretend, die Feuergefährlichkeit vermehren, werden nur dann den unter 1 aufgeführten Umständen gleich geachtet, wenn der Versicherte unterlässt, der Anstalt nach erlangter Kenntnis davon ohne Verzug schriftlich Anzeige zu machen. Erstattet aber der Versicherte diese Anzeige ohne Verzug, so ist die Anstalt, falls sie die Versicherung nicht fortsetzen will, berechtigt, die letztere durch schriftliche Anzeige mit Ablauf von zwei Wochen nach Zustellung jener Anzeige aufzuheben." (Feuerversicherung.)

„1. Wenn im Laufe der Versicherung bauliche Veränderungen oder Ausbesserungen an oder in den Gebäuden, welche die versicherten Gläser enthalten oder in deren unmittelbarer Nachbarschaft liegen, vorgenommen werden,
2. wenn in den mit den versicherten Gläsern versehenen Localitäten Gewerbe eingerichtet oder bestehende verändert werden,
3. wenn überhaupt eine Gefahrerhöhung eintritt,
4. wenn versicherte Gläser translocirt oder noch anderswo versichert werden oder — ausser in Erbschaftsfällen — den Eigenthümer wechseln,
5. wenn eine Veränderung in den Rechten des Versicherten auf die von ihm versicherten Gläser respective eine Veränderung in dem Interesse des Versicherten an einem etwaigen Schaden eintritt,

so ist der Versicherte verpflichtet, der Gesellschaft hiervon Anzeige zu machen, und es ruht bis zur schriftlichen Genehmigung dieser Veränderungen seitens der sicherungsnehmer geboten ist, den allgemeinen Gebrauch, die Anzeigen an den Agenten zu schicken, ohne Rücksicht, ob diese Art der Anzeige-Abgabe der Vertragsbestimmungen entspricht oder nicht, zur Regel gemacht haben.

Bei der Beurteilung der rechtlichen Wirkung dieser Thätigkeit des Unteragenten auf das Vertragsverhältnis zwischen dem Versicherungsnehmer und der Gesellschaft wird in jedem einzelnen Falle, da die Vertragsbestimmungen leider keinen gleichlautenden Inhalt haben, streng zu unterscheiden sein, ob der Versicherungsnehmer durch Einsendung der Anzeige an den Agenten seiner vertragsmässigen Anzeigepflicht genügt hat oder nicht. In dem ersteren Falle, den z. B. die Feuerversicherungs-Bank für Deutschland zu Gotha im § 49 ihrer Bankverfassung vorsieht, hat der Versicherungsnehmer seine Anzeige gehörig, d. h. die Bank verpflichtend, bewirkt, wenn er den Nachweis führen kann, dass die Absendung seiner Anzeige an den Ortsagenten stattgefunden hat, während, falls die Direction oder, allgemein gesagt, die Anstalt als Ort der Einsendung der Anzeige vertragsmässig gilt, die Einsendung der Anzeige an den Agenten allein nicht genügt, um die Gesellschaft zu verpflichten. Dort ist der Agent der Beauftragte der Gesellschaft, hier Beauftragter des Versicherungsnehmers, denn die blosse Unteragentur als solche kann im letzteren Falle doch wohl nicht als „Direction" oder „Gesellschaft" oder „Anstalt" betrachtet werden, vielmehr behält sie immer den Character eines Vermittelungsgeschäftes. Daraus ergiebt sich notwendig, dass die Gesellschaft, welche mit dem Versicherungsnehmer policengemäss den Sitz der Unteragentur als für sie gültigen Ort der zu erstattenden Anzeige vereinbart hat, die Thätigkeit des Agenten dem Versicherungsnehmer gegenüber zu vertreten hat, also letzterem etwaige Nachlässigkeit des Agenten nicht schädlich ist, und andererseits der Agent dafür der Gesellschaft haftet, während im anderen Falle, wo die Gesellschaft oder die sie vertretende Generalagentur sich selbst nur als den Erfüllungsort der Anzeigepflicht für den Versicherungsnehmer vertragsmässig ausbedungen hat, dem Versicherungsnehmer das Verschulden des Agenten an der rechtzeitigen Absendung der Anzeige an die Gesellschaft von nachteiliger Wirkung ist und der-

---

Gesellschaft oder bis zur Wiederherstellung des früheren Zustandes die Entschädigungsverpflichtung der Gesellschaft. Diese ist, falls sie die Versicherung nicht fortsetzen will, berechtigt, letztere durch schriftliche Anzeige aufzuheben."
(Glasversicherung.)

„Wenn ausser in Erbschaftsfällen die Gesammtheit der versicherten Bodenerzeugnisse auf einen anderen Besitzer übergeht, so tritt letzterer erst durch seine, in Gemeinschaft mit dem Versicherten der Generalagentur eingereichte schriftliche Anzeige in die Rechte und Pflichten desselben ein." (Hagelversicherung.)

„Der Wechsel im Viehstande steht dem Versicherten zu jeder Zeit frei; jedoch ist derselbe bei den nach Signalement versicherten Thieren verpflichtet, der Direction hiervon binnen einer Woche schriftlich Kenntnis zu geben, wogegen die Direction eine Veränderungsgenehmigung zu erteilen oder die Gründe der Nichtgenehmigung anzugeben hat. . . ." (Viehversicherung.)

Jedoch Entsch. des R.-O.-H.-G. 13. 2. 72, V. 27, 121: „Der Versicherungsnehmer hat die Pflicht, während des Bestehens der Versicherung eine Anzeige erhöhter Gefahr durch Veränderung in dem Gebäude, in welchem die versicherten Gegenstände sich befinden, resp. in dem Nebengebäude nur dann bei Vermeidung seiner event. Ansprüche zu machen, wenn er von den Veränderungen eine so ausreichende Kenntnis erhalten hat, dass er die erhöhte Gefahr zu erkennen vermochte."

selbe demgemäss den Agenten, als seinen Mandatar, wegen verursachter Schädigung in Anspruch nehmen kann. Nach der einen wie nach der anderen Seite hin muss die hierbei entfaltete Thätigkeit des Unteragenten als die eines selbstständig verantwortlichen Vermittlers gelten, wobei nur der Umstand in Frage kommt, für wen von beiden der Agent thätig gewesen ist. Die Beantwortung dieser Frage ergiebt sich aus dem Inhalt der Versicherungsbedingungen, auf die vor allem richterlicherseits in Streitfällen zurückzugeben ist. Es wäre falsch, wollte man auch hier ohne Rücksicht auf die zwischen der Gesellschaft und dem Versicherungsnehmer getroffene Vereinbarung durch Unterstellung des Unteragenten als Bevollmächtigten der Gesellschaft ganz allgemein der Gesellschaft die Vertretung der seitens des Agenten verschuldeten Nachlässigkeit zuschieben. Dieser Fehler ist in einer noch ungedruckten Entscheidung des R.-G. vom 16. 9. 1886 gemacht worden, während das Urteil des R.-G. vom 21. 9. desselben Jahres[4]) den hierbei in Frage kommenden thatsächlichen und rechtlichen Verhältnissen ganz entspricht.

Wenn dieser Entscheidung auch ein anderer Thatbestand, als eine Veränderungsanzeige, nämlich die Einreichung einer Gebäudetaxe, zu Grunde lag, so kommen doch in unserer Frage dieselben Rechtsgrundsätze zur Anwendung, die die Wiedergabe des genannten Urteils im Auszuge an diesem Ort rechtfertigen. Es heisst hier: „.... da erwiesenermassen der Agent die Klägerin in den Glauben versetzt habe, dass der Bedingung (die Einsendung der Gebäudetaxe) Genüge geleistet sei, so treffe die Klägerin kein Verschulden an deren Nichterfüllung; es könne ihr diese daher auch nicht zum Nachteile gereichen. Allein das O. L. G. (zu Cöln) hat mit Recht angenommen, dass der Mangel eines Verschuldens von seiten der Klägerin hier nicht zu ihren Gunsten in Betracht kommen und dass die Handlungsweise des Agenten nicht die Wirkung haben könne, dass die Bedingung als erfüllt oder erlassen zu gelten habe. Die Grundsätze über Treu und Glauben im Versicherungswesen haben zwar dahin geführt, bei den sogenannten Verwirkungsclauseln, welche von den meisten Versicherungs-Gesellschaften in ihre Bedingungen aufgenommen werden, nach der mutmasslichen Absicht der Contrahenten nur dann die festgesetzten nachteiligen Wirkungen für die Versicherten eintreten zu lassen, wenn diesen ein Verschulden bezüglich der Nichterfüllung der fraglichen Auflagen zur Last fällt. Aber diese Grundsätze können alle keine Anwendung finden, wo es sich um klar ausgesprochene Bedingungen handelt, von welchen, wie hier, das Zustandekommen des Vertrages abhängig gemacht wird. Im vorliegenden Falle würde das nachgewiesene Verhalten des Agenten nur dann ein anderes Resultat zu begründen geeignet sein, wenn auf Grund desselben behauptet werden könnte, dass die Versicherungs-Gesellschaft selbst die Erfüllung der Bedingung verhindert habe. (Art. 1178 des bürgerlichen Gesetzbuchs). Aber das würde nur dann anzunehmen sein, wenn der Agent, als er der Klägerin die Erfüllung der Bedingung versprach, im Auftrage der Gesellschaft gehandelt hätte. Eine solche Annahme ist indessen durch die vom Berufungsrichter festgestellte Thatsache ausgeschlossen, nach welchen vielmehr der Agent hierbei lediglich im Auftrage der Klägerin gehandelt hat ...."

---

[4]) Vereinsblatt J. 1887, S. 255 ff.

Zur Wahrung vor Schädigung berechtigter Interessen an dem Gedeihen einer Versicherungs-Gesellschaft, welche aus der Nichtbeachtung jener Anzeigepflicht durch den Versicherungsnehmer entstehen könnte, und gegen welche die Versicherungs-Gesellschaften, wie die vielen Betrugsfälle in der Praxis beweisen, sich nicht genug schützen können, haben die Versicherungs-Gesellschaften jeglicher Branche den Unteragenten mit der Ueberwachung und Beaufsichtigung der durch ihn vermittelten oder in seinem Agenturkreise befindlichen Versicherungen beauftragt. Dieser Auftrag, der dem Unteragenten von der Gesellschaft neben seiner selbstständigen Vermittelungsthätigkeit erteilt ist, enthält die Aufgabe, erhebliche Veränderungen des Versicherungsobjects, Wechsel der Verhältnisse des Versicherungsnehmers und sonstige die Versicherungsanstalt betreffende und zu seiner Kenntnis gelangten Umstände seiner Gesellschaft zu berichten. Es ist selbstverständlich, dass das Interesse der Gesellschaft fordert, stets über etwa eingetretene Aenderungen in den Verhältnissen der übernommenen Versicherungen unterrichtet zu sein, um sich gegen die daraus für sie hervorgehenden Nachteile sicher zu stellen. Dieser Auftrag begründet aber nur eine Verpflichtung des Agenten der Versicherungs-Gesellschaft gegenüber. Es kann aus demselben nicht eine Vertretungsbefugnis in dem Sinne hergeleitet werden, dass die Kenntnis des Agenten mit der Kenntnis der Gesellschaft zu identificiren ist, ebensowenig wie eine Bevollmächtigung aus der Uebernahme der sogenannten vertraulichen Mitteilungen, die Erhebungen über Beschäftigung, Vermögenslage, Lebensweise etc. der Versicherungsnehmer zum Gegenstande haben, vermutet werden kann. Der Agent ist nur der Gesellschaft allein aus dem Auftrage für eine sorgsame Erfüllung desselben verpflichtet und das durch diesen Auftrag zwischen beiden bestehende Rechtsverhältnis steht ausser Beziehung zu dem Vertragsverhältnisse zwischen der Gesellschaft und dem Versicherungsnehmer, es berührt die Gesellschaft eben ganz allein. Erhält der Unteragent demgemäss Kenntnis von einem anzeigepflichtigen Umstande, so ist er verpflichtet, der Gesellschaft diesen mitzuteilen, gleichgültig ob die Gesellschaft von demselben durch den Versicherungsnehmer, der ebenfalls nach den Policebestimmungen diese Verpflichtung hat, Nachricht erhalten hat oder nicht. Im allgemeinen wird diese Anzeige nicht getrennt von seiten des Agenten und des Versicherungsnehmers an die Gesellschaft erfolgen, da der Versicherungsnehmer in der Regel die Vermittelung des Agenten zur Weiterbeförderung der Anzeige anruft oder aber der Agent den Versicherungsnehmer zur Aufgabe der Anzeige veranlasst, wenn er Kenntnis von einer anzeigepflichtigen Veränderung in den Verhältnissen des Versicherungsnehmers erhalten hat. Der Agent macht schon in eigenem Interesse den Versicherungsnehmer nach Eintritt einer Veränderung auf die Pflicht der Anzeige aufmerksam, um sich den Bestand der Versicherung zu sichern. Diese Thätigkeit im Interesse des Versicherungsnehmers ist aber nur ein Ausfluss seiner geschäftlichen Vermittelungsthätigkeit, niemals ist sie als Ausfluss seines ihm von der Gesellschaft erteilten Ueberwachungsauftrages zu betrachten, so dass die Kenntnis oder Unkenntnis des Agenten bezüglich solcher Umstände, die auf die Gültigkeit des betreffenden Versicherungsvertrages einwirken könnten, für den Vertrag einflusslos ist. Mit Unrecht hat das R.-O.-H.-G. in zwei Entscheidungen vom 26. 8. und 14. 11. 1873 [5]) unter irriger Voraussetzung einer Vollmacht des

---

[5]) Vereinsblatt J. 1874, S. 80 ff.

Agenten die Kenntnis desselben der Kenntnis der Versicherungs-Gesellschaft Dritten gegenüber gleichgestellt, davon ausgehend, dass bei der Aufgabe der Ueberwachung der aus dem Vertrage entspringenden Rechtsverhältnisse und der möglichsten Wahrung des Interesses der Versicherungsanstalten die Agenten als Handlungsbevollmächtigte gälten, eine Verletzung dieser Aufgabe demnach die Gesellschaft treffe, und dass diese Begründung in dem Art. 52 des H.-G.-B. ihre Rechtfertigung finde. Dagegen hat das R.-G. in einem Streitfalle, in welchem die beklagte Lebensversicherungs-Gesellschaft nach dem Tode des bei ihr versicherten Ehemannes der Klägerin erfahren hatte, dass derselbe einen dissoluten Lebenswandel geführt habe, und sich deshalb für befugt hielt, nach den Statuten ihre Verbindlichkeiten auf die Vergütung aus dem Reservefonds und auf die Dividende zu beschränken, in einem Urteil vom 23. 9. 1881 [6]) die Stellung des Agenten richtig erkannt und die gegen das Urteil des Berufungsrichters (O.-L.-G. Königsberg) eingelegte Nichtigkeitsbeschwerde aus folgenden Gründen zurückgewiesen: „ . . . Es beruht in der Eigenthümlichkeit der Versicherungsverträge, dass gerade bei ihnen die Rücksicht auf Treu und Glauben der Contrahenten gegen einander in ganz besonderem Masse den Vertrag beherrscht. . . . Es versteht sich auch von selbst (L.-R. § 85, I. 13), dass es keinen Unterschied machen kann, ob die Pflicht, um deren Erfüllung es sich im einzelnen Fall handelt, unmittelbar oder durch Stellvertreter eingegangen ist. Die Frage aber, ob eine gültige Stellvertretung vorliegt, hat mit dem Grundsatz von Treu und Glauben nichts zu thun. Gegen diesen Grundsatz also und den § 2024, II. 8 des L.-R. kann der Appellationsrichter nicht verstossen, indem er annimmt, dass der § 40, No. 3 der Bankverfassung, sofern danach die Agenten der Beklagten auch „über sonstige die Anstalt betreffende und zu ihrer Kenntnis gelangte Verhältnisse der Versicherten, z. B. Veränderung des Wohnorts, weite Reisen u. s. w. berichten sollen", nicht eine Vertretungsbefugnis, sondern nur eine Verpflichtung der Agenten der Bank gegenüber begründe. Auf dieser durch Vertragsauslegung gewonnenen Feststellung beruht die Annahme, dass die von der Klägerin behauptete Wissenschaft des Agenten nicht der Wissenschaft des Vorstandes der Bank gleichzustellen sei. Und auch der Vorwurf einer Verletzung der §§ 5, 53, 85, 98, 147, I. 13 des L.-R. muss an dieser thatsächlichen Feststellung scheitern."

§ 10.

7. Die Schädenanzeige, die Schädenaufstellung und die Schädenauszahlung an bezw. durch den Agenten.

Ist ein Schadenfall eingetreten, gegen dessen nachteilige Folgen die Versicherung genommen worden ist, so ist der Versicherte verpflichtet, von demselben in der vertragsmässig festgesetzten Weise[1]) dem Agenten

---

6) Vereinsblatt J. 1883, S. 15 ff.

1) „Wer eine Zahlung von der Gesellschaft verlangt, hat den Beweis zu führen, dass die Umstände eingetreten sind, welche die Zahlungsverpflichtung bedingen.
Ist diese Verpflichtung davon abhängig, dass eine bestimmte Person am Leben sei, so muss ein Lebensattest beigebracht werden. Ist sie davon abhängig, dass ein bestimmtes Ereignis eingetreten oder nicht eingetreten sei, so muss das eine oder das andere glaubhaft bescheinigt werden.
Das Ableben des Versicherten hat, wenn auf Grund desselben ein Anspruch gegen die Gesellschaft geltend gemacht werden soll, derjenige, welcher aus der Ver-

oder der Gesellschaft oder auch beiden zugleich eine Anzeige zu erstatten.

Auch für die Beurteilung dieser Vertragsbestimmung und ihrer Folgen kommen dieselben Grundsätze zur Anwendung, die bereits im vorigen Abschnitt beleuchtet worden sind. Es ist daher der Verpflichtung zur rechtzeitigen Schadensanzeige Genüge geschehen, wenn der aus dem Vertrage Berechtigte dem Agenten die Anzeige übermittelt hat, vorausgesetzt, dass der Beschädigte seitens der Gesellschaft mit der Anzeige als für sie verbindlich an den Agenten verwiesen ist und die Gesellschaft nicht auch eine directe Anzeige für sich selbst ausbedungen hat. Fordert an-

---

sicherung Ansprüche erhebt, unter Angabe der Todesursache, soweit ihm dieselbe bekannt war, dem Agenten der Gesellschaft, an welchen die letzte Prämie gezahlt wurde, und der Direction innerhalb zwei Tagen nach dem Tage, an welchem er von dem Ableben Kenntnis erlangte, schriftlich anzuzeigen."
(Lebensversicherung.)

„Der Versicherte hat dem Agenten binnen 24 Stunden, der Ortspolizeibehörde binnen drei Tagen nach einem Brande Anzeige von demselben zu machen.

Im Falle eines Brandes ist der Versicherte ferner verpflichtet, die versicherten Gegenstände, soweit es in seiner Macht steht, zu retten und während des Rettens, sowie nach demselben für ihre Sicherung und Erhaltung zu sorgen. Jedoch dürfen bewegliche Gegenstände, mit Ausnahme des Viehes, dessen frühzeitigere Rettung freisteht, erst bei unmittelbarer Gefahr und nicht gegen das etwaige Verbot des Agenten oder eines Beauftragten der Anstalt ausgeräumt werden. Handelt der Versicherte diesen Vorschriften zuwider, so hat die Anstalt für den daraus entstandenen Schaden, falls die Ersatzansprüche des Versicherten nach § 10 nicht überhaupt verwirkt sind, nicht aufzukommen.

Ersatz für abhanden gekommene Gegenstände wird nur dann geleistet, wenn der Versicherte der Ortspolizeibehörde unter Bezeichnung jener Gegenstände binnen drei Tagen nach dem Brande Anzeige von dem Abhandenkommen gemacht hat.

Die genannten Fristen beginnen im Falle erwiesener Unmöglichkeit, sie inne zu halten, sobald letztere aufhört." (Feuerversicherung.)

Vergl. auch Entsch. des R.-O.-H.-G. 30. 10. 73, XI. 91, 272.

„Im Falle eines Schadens ist der Versicherte verpflichtet:
1. die beschädigten Gläser und Bruchstücke vor fernerer Beschädigung nach bestem Vermögen zu wahren und sicher zu stellen,
2. spätestens binnen 48 Stunden nach jedem Schaden denselben dem Agenten oder der Gesellschaft schriftlich anzuzeigen,
3. alle von der Gesellschaft über die Entstehung und den Umfang des Schadens verlangten Angaben und Nachweise, die er liefern kann, zu gewähren, und, sofern der Schaden durch die Schuld eines Dritten verursacht ist, sich um die Ermittelung der Person desselben und Feststellung des Thatbestandes nach Kräften zu bemühen." (Glasversicherung.)

„Sind die versicherten Bodenerzeugnisse von einem Hagelschlage, für welchen eine Vergütung in Anspruch genommen werden soll, betroffen worden, so muss der Versicherte binnen zwei und siebzig Stunden nach dem Ereignisse eine schriftliche, mit Datum und Unterschrift versehene Anzeige hiervon an die Generalagentur absenden. In dieser Anzeige sind Tag und Stunde des stattgehabten Hagelschlags und die mutmassliche Höhe des Schadens für jede Position des Versicherungsantrages anzugeben. Auf Grundstücke, welche nach Ablauf der obigen Frist als beschädigt angemeldet werden, wird eine Entschädigung nicht gewährt. Die Schadenanzeige ist einem Antrage auf Abschätzung gleich zu achten; jedoch steht es dem Versicherten frei, sich bei derselben diesen Antrag auf längstens acht Tage, vom Datum der ersten Anzeige ab gerechnet, ausdrücklich vorzubehalten. Wird in diesem Falle der vorbehaltene Antrag binnen der gestellten Frist nicht an die Generalagentur abgesendet, so gilt die Anmeldung als nicht geschehen, und der dererseits die Gesellschaft nach den Versicherungsbedingungen die Schadensanzeige direct und zwar nur an sich allein, so hat der Entschädigungsberechtigte die Folgen nicht vertragsmässiger Benachrichtigung der Gesellschaft zu tragen, falls er den für ihn vielleicht bequemeren Weg durch die Agenturvermittelung für die Erledigung seiner Verpflichtung gewählt hat. Die Bedeutung der Vertragsbestimmungen einiger Gesellschaften, dahin gehend, den Eintritt eines Schadenfalles sowohl an den Agenten als auch an die Direction der Gesellschaft selbst zu melden, muss im Streitfalle vor Gericht besonders deshalb gewürdigt werden, weil die Gesellschaft in die Prüfung derjenigen Umstände, welche den Versicherungsanspruch bedingen, um so schneller einzutreten hat, je mehr die Schwierigkeit, die Beweise für die Umstände, welche den Schaden verursacht haben, bei dem schnell eintretenden Wechsel dieser Umstände zu erhalten, in unverhältnissmässiger Weise mit dem Laufe der Zeit wächst. Diese Vertragsbestimmung ist eine Forderung an den Versicherungsnehmer oder Empfangsberechtigten, die sich aus dem Character des Geschäftes eines Versicherungszweiges selbst ergiebt. Bei der einen Versicherungsbranche wird sie notwendiger sein, als bei der anderen, und sie darf nicht durch das richterlicherseits hin und wieder dem Empfangsberechtigten gemachte und mit der Unterstellung des Agenten als Vertreters der Gesellschaft motivirte Zugeständnis, dass er durch die Einsendung der Schadensanzeige an den Agenten allein sich als von der vertragsmässig an die Gesellschaft selbst zu bewirkenden Anzeige gehörig liberirt betrachten darf, wirkungslos gemacht werden.²)

Auch hier, wie bei der oben erwähnten Veränderungsanzeige erfolgt neben der Anzeige des Empfangsberechtigten ebenfalls eine solche des Agenten, zu deren Abgabe derselbe auftragsgemäss verpflichtet ist. Dieser Auftrag macht den Agenten ebenso wenig zu einem Vertreter oder Bevoll-

---

Anspruch auf Schadenersatz ist erloschen. So lange nicht die Entschädigung durch die Gesellschaft festgestellt ist, darf an den vom Hagel betroffenen Bodenerzeugnissen eine Veränderung nicht vorgenommen werden. Der Versicherte ist gehalten, der Gesellschaft resp. den von ihr mit Ermitelung des Schadens beauftragten Personen über alle Umstände, welche Bezug auf die Versicherung, den Wert der verhagelten Bodenerzeugnisse, die Art und den Umfang des Schadens haben, jede von ihm verlangte Auskunft mit Wahrhaftigkeit ohne Zögerung zu erteilen, auch auf Verlangen die Police, die Wirtschaftsregister über Aussat und Fläche, die etwa vorhandenen Vermessungs- und Bonitirungsregister, sowie sonstige zu seiner Verfügung stehende Nachweise vorzulegen. Bei der Abschätzung selbst hat er sich jeder Einmischung zu enthalten." (Hagelversicherung.)

„Bei jedem Unfall, für welchen die Gesellschaft in Anspruch genommen werden soll, hat der Versicherte oder in seiner Abwesenheit ein Vertreter desselben bei Vermeidung der Entschädigungsweigerung
    a. die Anzeige über den Unfall innerhalb zwölf Stunden nach demselben an die Direction abzusenden. Diese Anzeige muss die Angabe der Policenummer u. s. w. enthalten;
    b. sobald als möglich alle Nachweise über die Umstände zu liefern, unter denen der Unfall sich ereignet hat, insbesondere Namen und Wohnung des Urhebers oder der regresspflichtigen dritten Personen, wenn es solche giebt und die Namen der Zeugen, durch welche die Schuld anderer festgestellt werden kann."

Vergl. auch Entsch. R.-G. 9. 3. 82. XI. 54. 195. (Viehversicherung.)

²) Z. B. Entsch. des R.-O.-H.-G. 21. 11. 70, I. 32, 110, 11. 3. 73, IX. 107, 370.

mächtigten der Gesellschaft, wie der im vorigen Abschnitte erwähnte zum Zweck der Veränderungsanzeige ihm den Vertretercharacter verleihen kann. Der Auftrag setzt ein Interesse des Auftraggebers für die Erteilung desselben voraus. Das Interesse der auftraggebenden Versicherungs-Gesellschaft geht dahin, durch diesen Auftrag der Ueberwachung möglichst sich vor vertragswidrigen Ansprüchen zu schützen und Ausbeutungen seitens des Publicums, zu welchen die in Schadensfällen leicht sich regende Gewinnsucht die nächste Veranlassung giebt, nach Möglichkeit vorzubeugen.

Damit die Versicherungs-Gesellschaft nach ihrem eigenen Wunsche und im Interesse der Policeninhaber baldthunlichst in den Stand gesetzt wird, unter geeigneten Voraussetzungen die ihr obliegenden Verbindlichkeiten aus den Versicherungsverträgen mit Verzicht auf die für die Auszahlungen der Entschädigungssummen statutenmässig festgesetzte Frist sofort zu erfüllen, sind die Agenten einer Lebensversicherungs-Gesellschaft beauftragt, sobald sie auf irgend einem Wege Kenntnis von einem versicherten Todesfall erhalten haben, diesen und die Ursache des Todes sofort der Gesellschaft und der Generalagentur anzuzeigen und bei Einsendung der von den Empfangsberechtigten eingeschickten und den Sterbefall nachweisenden Documente, auf Grund sorgfältig einzuziehender Erkundigungen und nach eigener Ueberzeugung namentlich über aussergewöhnliche und auffallende Umstände, welche den Tod veranlasst oder begleitet haben, zu berichten. In Fällen, in welchen Verdacht eines gewaltsamen Todes und namentlich eines Selbstmordes vorliegt, hat der Agent seine Verdachtsgründe sofort der zuständigen Behörde mitzuteilen und eine Section der Leiche zu veranlassen. Ebenso hat er bei plötzlichen Todesfällen, bei welchen kein Arzt zugezogen wurde, oder welche nicht gerichtsärztlich als Unglücksfälle festgestellt sind, nach Rücksprache und in Gemeinschaft mit dem Agenturarzt im Namen der Gesellschaft Obduction der Leiche des Versicherten von den Angehörigen zu verlangen, die im Beisein des Agenturarztes, wo möglich von dem Gerichtsarzte, vorzunehmen ist. Im Weigerungsfalle hat der Agent unter Vorlegung der Versicherungsbedingungen und Mitteilung der Motive solche Obduction bei der competenten Gerichtsbehörde zu beantragen und den Thatbestand gehörig constatiren zu lassen.

Der Agent der Feuerversicherung hat von jedem, die Gesellschaft betreffenden Brande ebenfalls unverzüglich Meldung an die Generalagentur zu machen und dazu stets ein vorgeschriebenes Formular zu benutzen, dessen Fragen er thunlichst genau und vollständig zu beantworten und durch eine kurze Mitteilung über Entstehung und Verlauf des Brandes und über alles, was Höhe und Reellität des Schadens (Brandstiftungen) beurteilen lässt, zu ergänzen hat, so dass die Gesellschaft ein möglichst klares Bild von der ganzen Sachlage gewinnt. Erheischt der Schadenfall eine besonders schleunige Erledigung, sei es, weil derselbe sich auf Gegenstände von einiger Bedeutung erstreckt, welche weiterem Verderben unterliegen, oder sei es, weil in anderer Art bei einer Verzögerung wesentliche Interessen auf dem Spiele stehen, so hat der Agent der handschriftlichen Schadenanzeige eine telegraphische vorauszuschicken.

Insbesondere geben die Geschäftsanweisungen dem Agenten über sein Verhalten beim Brande sehr eingehende Informationen, welche nichts weiter sind, als Anweisungen darüber, in welcher Weise die Versicherungs-Gesellschaft ihren Auftrag an den Agenten, das Interesse der Gesellschaft zu wahren, ausgeführt zu sehen wünscht. Sobald also in dem Agenturbezirke Feuer ausbricht, wodurch die von dem Agenten vermittelten Versicherungen betroffen oder bedroht sind, ist es des Agenten Pflicht, sich sofort an Ort und Stelle zu begeben. Ist bei seiner Ankunft das Feuer noch nicht gedämpft, so muss er das Löschen möglichst zweckmässig zu leiten suchen und nach Kräften für Rettung und Erhaltung der versicherten Risiken sorgen. Bedarf es dazu einer besonders anstrengenden oder aufopfernden Thätigkeit, so ist es dem Agenten gestattet, durch Zusagen angemessener Belohnungen hierzu anzuspornen. Uebrigens hat der Agent den Weisungen der Behörden Folge zu leisten. Die Gesellschaften leisten nach ihren Versicherungsbedingungen in der Regel keinen Ersatz für Schäden, welche dadurch entstanden sind, dass der Versicherte gegen den Rat des Agenten ausräumte. Hieraus ergiebt sich, dass der Agent die Befugnis hat, das Ausräumen beweglicher Gegenstände für Rechnung und Gefahr der Gesellschaft sowohl zu gestatten, als auch zu verhindern. Die Versicherungsgesellschaft übernimmt damit die Folgen der Anordnung desselben[3]). Leistet dagegen der Versicherte dem Rat des Agenten, z. B. von der Ausräumung Abstand zu nehmen, nicht Folge, so darf dem Versicherten das Ausräumen zwar weiter nicht verwehrt werden, doch ist es dann notwendig, dass der Agent ihm sogleich, womöglich vor zuverlässigen Zeugen, erklärt, dass, da er seinerseits von der Ausräumung abgeraten habe, die Ausräumung nur für Rechnung und Gefahr des Versicherten selbst bewirkt werde. Zu dieser Auftragserteilung sahen sich die Gesellschaften genötigt, um sich gegen Missbräuche, die im Schadenfalle häufig zu Tage treten, zu schützen. Die Erfahrung hat sie gelehrt, dass in solchen Fällen das Retten, namentlich wenn dieses dort, wo keine besonderen Mannschaften zum Retten bestehen, dem Publicum überlassen ist, gewöhnlich in einem sinnlosen Hinauswerfen, Zerreissen und Zerschlagen besteht, und dass dabei Diebereien im grössten Umfange betrieben werden.

Bei der Hagel- und Viehversicherung fallen in Schadenangelegenheiten dem Agenten keine bestimmten Functionen für die Gesellschaft zu. Die Direction behält nur sowohl sich selbst, als auch den Generalagenten und den Beauftragten beider das Recht vor, die Mitwirkung des Agenten unter Erteilung specieller Anweisung für denselben in Anspruch zu nehmen. Ohne solche specielle Anweisung oder über dieselbe hinaus hat der Agent in keiner Weise handelnd in Schadenangelegenheiten einzugreifen. Namentlich steht es ihm nicht zu, Deputirte zur Vornahme von Taxen zu veranlassen, Vorbesichtigungen vorzunehmen, oder darein zu willigen, dass mit den verhagelten Früchten Veränderungen vorgenommen werden.

Soweit der Auftrag der Versicherungs-Gesellschaft an den Agenten.

Auch nach der anderen Seite hin und zwar für den Beschädigten kann sich die Hilfsthätigkeit des Unteragenten entfalten, da in der Regel das versicherte Publicum sich in solchen Fällen um Rat und That an ihn wendet, ähnlich wie die Hülfe des Assecuranzmaklers an Seeplätzen in der Seeversicherung oder auf anderem Gebiete die Mitwirkung des Rechtsanwaltes in Anspruch genommen wird. Das Anrufen der Vermittelungsthätigkeit des Agenten seitens des Publicums wird weniger in der Lebensversicherung, da es sich hier lediglich um die Beibringung der den Anspruch auf die Versicherungssumme begründenden

---

3) Entsch. R.-G. 9. 3. 82, VI. 54, 200.

behördlichen Atteste handelt, desto häufiger aber in den anderen Versicherungszweigen geschehen.

In der Feuerversicherung hat der beschädigte Versicherungsnehmer den Inhalt der folgenden Paragraphen der Vereins-Versicherungsbedingungen, denen sich die Bestimmungen der übrigen Gesellschaften inhaltlich anschliessen, zu beachten.

§ 7. „Die Versicherung soll nicht zu einem Gewinne führen; ihr alleiniger Zweck ist der Ersatz des nach dem wahren Werte der versicherten Gegenstände zur Zeit des Brandes unter Ausschluss des entgangenen Gewinnes festzustellenden Schadens, gegen welchen nach § 1 Versicherung gewährt ist.

Die Versicherung selbst begründet keinen Beweis für das Vorhandensein und den Wert der versicherten Gegenstände zur Zeit des Brandes. Die Versicherungssumme, dieselbe möge auf Taxation beruhen oder nicht, bildet lediglich die Grenze für die Ersatzpflicht der Anstalt und zwar für jede einzelne Position der Versicherungsurkunde.

Uebersteigt der Wert der versicherten Gegenstände zur Zeit des Brandes die darauf versicherte Summe oder sind sie noch anderswo versichert, so wird der Schaden pro rata vergütet. Haben sie einen geringeren Werth als die darauf versicherte Summe, so wird der Schaden nur nach dem geringeren Werte vergütet."

§ 8. „Die Anstalt ist berechtigt, jede auf den Schaden, dessen Ursache und Höhe bezügliche Untersuchung anzustellen und von dem Versicherten über seine Angaben Belege und sonstige Beweise, die er liefern kann, zu fordern.

Bei Schäden an beweglichen Gegenständen ist der Versicherte verpflichtet, auf Verlangen der Anstalt specielle Verzeichnisse der zur Zeit des Brandes vorhanden gewesenen, der verbrannten oder abhanden gekommenen und der beschädigt sowie unbeschädigt geretteten Gegenstände anzufertigen und innerhalb einer ihm zu stellenden Frist von mindestens zwei Wochen dem Agenten einzureichen. Diese Frist beginnt im Falle erwiesener Unmöglichkeit, sie inne zu halten, sobald letztere aufhört. Die Verzeichnisse müssen auf Verlangen der Anstalt mit speciellen Wertangaben nach dem Grundsatze des § 7 versehen und von dem Versicherten unterzeichnet sein, und es darin weder ein nicht vorhanden gewesener Gegenstand als vernichtet oder abhanden gekommen angegeben, noch das Vorhandensein eines geretteten Gegenstandes verschwiegen sein.

Die Anstalt ist nicht verbunden, sich auf Verhandlungen über den Schaden und die Entschädigung mit anderen Personen als dem Versicherten einzulassen."

§ 9. „Sowohl die Anstalt wie der Versicherte haben, unbeschadet der Bestimmungen in § 8, das Recht, zu verlangen, dass der Betrag des Schadens an den versicherten Gegenständen durch ein Abschätzungsverfahren festgestellt werde, welches mit verbindlicher Kraft für beide Parteien auf gemeinschaftliche Kosten zu erfolgen hat."

In all den Fällen nun, in denen der Agent hierbei von dem Versicherungsnehmer zur Hülfeleistung herangezogen wird, was namentlich bei der Ausfertigung der Schadensaufstellung in kleineren Schadenfällen der Fall sein wird, tritt der Unteragent niemals als Vertreter der Gesellschaft auf, der, da er im Auftrage des Versicherungsnehmers handelt, für alle Unregelmässigkeiten in der Ausübung seines Auftrages jenem aufzukommen hat, so dass andererseits der Versicherungsnehmer der Versicherungs-Gesellschaft gegenüber sich nicht auf ein Versehen des Unteragenten in der irrtümlichen Annahme seiner gesellschaftlichen Vertretungsbefugnis berufen kann, da er die Richtigkeit seiner Schadensaufstellung durch seine eigenhändig zu bewirkende Namensunterschrift erhärten muss.

Die ganze hierbei in die Erscheinung tretende Thätigkeit des Agenten entspricht dem Character derjenigen, welche er bei der Antragstellung für den Versicherungsnehmer ausübte. Es kann daher zur Kennzeichnung derselben auf das bereits in dem § 5 Seite 29 ff. Gesagte verwiesen werden.

Im Gegensatz zu dieser von uns vertretenen Ansicht neigt auch hier bei der Beurteilung der in Rede stehenden Frage über die Eigenschaft des Agenten der Richter zu der irrtümlichen Annahme, dass der Agent hierbei ebenfalls als das die Versicherungs-Gesellschaft durch seine Thätigkeit verpflichtende Organ zu betrachten sei. Direct und am beredtesten ausgesprochen finden wir diese Meinung in einem Erkenntnis des R.-O.-H.-G. vom 23. 10. 1872:[1] „Die zweite Einrede, heisst es hier, ist darauf gerichtet, dass die vom Kläger dem Agenten eingereichte Schadensberechnung den Vorschriften der allgemeinen Bedingungen sowohl der Form als dem Inhalte nach nicht entsprochen, und dass Kläger durch die in der Rechnung enthaltenen unwahren Angaben versucht, Beklagte zu täuschen und zu übervorteilen, dadurch aber seinen Anspruch verwirkt habe. Kläger macht dagegen . . . geltend, dass er bei Aufstellung der Schadensrechnung nach specieller Angabe des Agenten gehandelt habe, und stellt jede böswillige Absicht in Abrede.

„Nun kann zwar der Auffassung des ersten Erkenntnisses, dass der Agent einer Versicherungs-Gesellschaft als solcher in dem ihm zugewiesenen Bezirk die Gesellschaft vollständig vertrete, namentlich auch befugt sei, „im einzelnen Falle eine weniger stricte Erfüllung der statutarischen Verbindlichkeiten zu fordern", nicht beigetreten werden. Eine andere Frage aber ist: ob der Versicherte, dessen Schadensberechnung den sogenannten Versicherungsbedingungen nicht entspricht, sich in dieser Beziehung dem Versicherer gegenüber nicht dennoch unter Umständen dann ausser Schuld befinde, wenn er bei Aufmachung der Berechnung die Anweisungen des Agenten befolgt hat? Diese Frage ist zu bejahen.

„Der Agent ist das einzige Organ der Versicherungs-Gesellschaft, mit welchem der Versicherte in directe Beziehungen zu kommen pflegt; . . . ihm hat er die Schadensberechnung einzureichen. Es liegt daher nahe, dass der Versicherte sich auch wegen derjenigen Schritte, welche er zu thun hat, um zum Ersatze des Schadens zu gelangen, im besonderen, in welcher Weise er die Schadensberechnung aufnehmen solle, an den Agenten wendet und, wenn er dessen Anweisungen auch hierbei Folge leistet, das ihm dem Versicherer gegenüber Obliegende vollständig erfüllt zu haben vermeint. Erfahrungsgemäss finden sich hierzu selbst Personen veranlasst, bei welchen eine grössere Geschäftskenntnis vorauszusetzen ist, als von Personen aus solchen Kreisen gefordert werden kann, welchen der Kläger angehört, und deren Angehörige ihrem Bildungsstande nach häufig gar nicht im Stande sind, ohne fremde Hülfe den vom Versicherer an sie gestellten Anforderungen nachzukommen. Nicht ausser Acht zu lassen ist, dass die den Police beigedruckten sogenannten allgemeinen Bedingungen keine Bestimmung enthalten, aus welcher die Unrichtigkeit dieser Ansicht deutlich zu erkennen wäre. Sache des Agenten ist es daher, dem Versicherten entweder seine Beihülfe zu verweigern, oder, wenn er die gewünschten Anweisungen giebt, in unzweideutiger Weise zu erklären, dass er hierbei nicht als Organ des Versicherers handle, folglich der Versicherte selbst die Uebereinstimmung der Berechnung mit den Versicherungsbedingungen zu prüfen habe . . .

---

[1] Entsch. VII. 99, 370.

„Hierzu kommt, dass es Sache der Beklagten gewesen wäre, die als ungenügend erkannten Aufstellungen dem Kläger zum Zweck der Verbesserung zurückzugeben. Da dieselben schon am 15. März dem Agenten eingereicht waren, so würde bei alsbaldiger Zurückgabe Kläger im Stande gewesen sein, noch innerhalb der bis zum 26. März laufenden Frist ordnungsmässige Verzeichnisse vorzulegen. Aus dem Umstande aber, dass Beklagte die Verzeichnisse ohne Rüge behielt und der Inspector bei der mündlichen Verhandlung dieselben nicht bemängelte, durfte Kläger entnehmen, dass Beklagte ihm nicht einwenden werde, er sei der ihm vertragsmässig obliegenden Verpflichtung nicht rechtzeitig nachgekommen..."

Mag man das Verhalten der Versicherungs-Gesellschaft als incorrect, wie es nach dem letzten Absatz des Urteils den Anschein hat, bezeichnen und darin den Schluss des Urteils billigen, so ist doch entschieden gegen den Grundsatz des R.-O.-H.-G. aufzutreten, dass die Versicherungs-Gesellschaft für die Thätigkeit des Agenten, zu welcher derselbe keinen Auftrag von ihr erhalten hat, verantwortlich gemacht werden müsse. Wenn die Hülfe des Agenten sehr oft von dem Publicum in Anspruch genommen wird und auch, wie das vorliegende Urteil richtig bemerkt, erfahrungsmässig selbst von solchen Personen, bei denen Geschäftskenntnis und Gewandtheit vorauszusetzen ist, so geschieht dies doch nicht aus dem Grunde, wie das R.-O.-H.-G. anzunehmen scheint, weil die von den Versicherungs-Gesellschaften an das Verständnis der Versicherungsnehmer gestellten Anforderungen zu hohe sind, denn dafür geben die in der Regel recht sorgfältig bearbeiteten Versicherungsformulare Anleitung genug, sondern es liegt vielmehr die Ursache dieser Erscheinung m. E. einzig und allein in der notorischen Bequemlichkeit und Nachlässigkeit des Publicums in der Behandlung seiner Versicherungsangelegenheiten, die doch der Richter wahrlich nicht noch unterstützen sollte.

Wollte man überdies mit dem R.-O.-H.-G. auch hier bei der Schadensaufstellung die Hülfeleistung des Agenten für den beschädigten Versicherungsnehmer als solche eines Vertreters der Versicherungs-Gesellschaft anerkennen, dann würde der Täuschung und dem Betruge, gegen die Gesellschaft geübt, Thür und Thor geöffnet sein. Denn der Versicherungsnehmer brauchte sich dann nur mit dem Agenten ins Einvernehmen zu setzen, um sich zu einem widerrechtlichen Vermögensgewinn zu verhelfen, — die Gesellschaft hat ja vor dem Richter die Handlungen des Agenten als ihres „Organs" zu vertreten. Das würde das Ergebnis theoretischer Betrachtungen sein, wenn man die Praxis, in welcher die richtige Stellung des Agenten zur Erscheinung kommt, gänzlich unberücksichtigt lassen wollte.

Die Regulirung des Schadens selbst wird durch den Generalagenten oder durch einen Inspector der Anstalt oder durch besonders dazu Beauftragte bewirkt. Der Unteragent hat diese Befugnis nicht. Es kann vielleicht vorkommen, dass derselbe bei kleineren, belanglosen Schäden die Schadensliquidations-Verhandlung, d. h. die Formulirung der Schadensansprüche des Beschädigten aufnimmt. Zu dieser Befugnis bildet aber ein, jedes Mal für den speciellen Fall seitens der Gesellschaft ihm zu gebender Auftrag die Voraussetzung.

Analog gilt dasselbe auch von der Agententhätigkeit in den übrigen Zweigen der Binnenversicherung, mit Ausnahme der Lebensversicherung, wo die Regulirung des Schadens nur durch die Direction der Gesellschaft allein erfolgt.

Hinsichtlich der Schadenszahlung schliesslich ist zu bemerken, dass bei der Mehrzahl, wenn nicht bei allen Versicherungs-Gesellschaften, der Ort der Ausstellung der Versicherungsurkunde auch als Ort der Zahlung der Entschädigungssumme gilt. Freilich kann diese Zahlung auch durch den Unteragenten erfolgen, doch ist diese Art nur nach einem von dem Empfangsberechtigten gestellten Antrage zulässig, worauf die Zahlung auf Gefahr und Kosten des Beantragenden geschieht. Einige Gesellschaften überlassen es dann dem Unteragenten, hierfür von dem Zahlungsempfänger einen Entgelt zu fordern. Dieser Antrag des Empfangsberechtigten hat in der Regel den Wortlaut: „Ich beantrage, mir die Entschädigung auf meine Gefahr und Kosten durch den Agenten X. in Z. auszahlen zu lassen." Durch Stellung und Annahme dieses Antrages wird die policengemässe Bestimmung über den Ort der Zahlung der Entschädigungssumme ausser Kraft gesetzt. Es ist dadurch ein besonderes Abkommen zwischen der Gesellschaft und dem Versicherungsnehmer getroffen, das die erstere von der vertragsmässig zu geschehenden Art, ihrer Zahlungsverpflichtung zu genügen, entbindet. Eine unzutreffende Auslegung hat diese Vereinbarung in einer Entscheidung des R.-G. vom 27. 6. 1885 [5]) gefunden.

Fassen wir schliesslich, nachdem wir die Thätigkeit des Unteragenten bei sämmtlichen Phasen des Versicherungsvertrages beleuchtet haben, unsere Darlegungen über die rechtliche Stellung des Unteragenten zur Versicherungs-Gesellschaft und zum versicherungsnehmenden Publicum zusammen, so ergiebt sich, dass der Unteragent einer Versicherungs-Gesellschaft nichts weiter als eine selbstständig das Vermittelungsgeschäft mit eigener Verantwortlichkeit betreibende Person ist, deren Aufgabe darin besteht, nach beiden Seiten hin zwischen den den Versicherungsvertrag schliessenden Parteien geschäftliche Beziehungen herzustellen. Zu einer Vertretung der Versicherungs-Gesellschaft oder des Versicherten ist er nur für gewisse einzelne Acte und nur auf Grund eines besonderen Auftrages bevollmächtigt.

---

5) Vereinsblatt J. 1887, S. 71.